Derek Prince



# Warum Israel?

*Warum Israel? /*
*Die Rückführung Israels*

Derek Prince
INTERNATIONALER BIBELLEHRDIENST

*Die in diesem Buch enthaltenen Texte entstammen Vorträgen von Derek Prince. Die vorliegenden Abschriften der Audioaufzeichnungen sind redaktionell leicht bearbeitet worden, wobei der Vortragsstil bewusst aufrechterhalten wurde.*


**IBL-Deutschland**
Söldenhofstr. 10
83308 Trostberg
Telefon: 0 86 21 – 6 41 46
Fax: 0 86 21 – 6 41 47
E-Mail: ibl@ibl-dpm.net

**IBL-Schweiz**
Alpenblick 8
CH-8934 Knonau
Telefon: +41 (44) 7 68 25 06
E-Mail: dpm-ch@ibl-dpm.net

Internet:
**www.ibl-dpm.net**



Originally published in English as
the audio recordings:
„Why Israel?"
„The Regathering of Israel"





Übersetzung: Werner Geischberger
Layout: IBL-Deutschland
Coverfoto: Cristina Gottardi | Unsplash.com
Druck: www.wir-machen-druck.de

ISBN 978-3-932341-14-4

1. Auflage 2000
2. Auflage 2022


Alle Bibelzitate stammen aus der Revidierten Elberfelder Bibelübersetzung, es sei denn, sie sind anderweitig gekennzeichnet (EÜ = Einheitsübersetzung; Luther = Lutherübersetzung 1984).

# INHALT

# Warum Israel?

# Einleitung: Fakten über Israel

Zu Beginn möchte ich Ihnen eine Reihe von Fakten über Israel nahebringen.

Zunächst einmal ist „Israel“ der Name der Nation, die von Abraham, Isaak und Jakob abstammt. Später nannte man sie „Juden“. Heute werden die Begriffe „Juden“ und „Israel“ mehr oder weniger synonym verwendet. Das war nicht immer so.

Der Name „Israel“ oder „Israelit“ taucht mehr als 2500-mal im Alten Testament auf. Wenn der Name Deutschland oder England so oft in der Bibel auftauchen würde, bestünde wohl kein Zweifel darüber, dass man die Bibel nie wirklich ganz verstehen könnte, wenn man nicht etwas über Deutschland oder England wüsste. Dasselbe gilt für Israel. Man kann die Bibel nicht ganz verstehen, wenn man nicht auch etwas über Israel weiß. Wenn Sie in Bezug auf Israel verwirrt sind, sind Sie es auch in Bezug auf die Bibel.

Im Neuen Testament finden wir etwa 80 mal den Namen „Israel“. Dabei ist es wichtig zu erkennen, dass im gesamten

Neuen Testament mit „Israel" niemals die Gemeinde bzw. der Leib Christi gemeint ist. Ich sage es noch einmal: Der Name „Israel" kommt im Neuen Testament etwa 80 mal vor und **bezeichnet kein einziges Mal die Gemeinde.**

Das Wort „Jude" findet sich in der englischen Bibel 84 mal im Alten Testament und 192 mal im Neuen. Das Wort „Christ" hingegen kommt im Neuen Testament nur dreimal vor.

# Die Einzigartigkeit Israels

Ich möchte unterstreichen, dass Israel ein einzigartiges Volk ist. Nichts und niemand anderer ist wie Israel. Ich füge hinzu, dass ich selbst, soweit ich weiß, kein Jude bin. Wobei es mir in keiner Weise peinlich wäre, wenn ich Jude wäre.

Ich möchte zunächst auf die Einzigartigkeit Israels hinweisen, die David in 1. Chronik 17,21 formuliert. Er betet hier zum Herrn und sagt:

*„Und wer ist wie dein Volk Israel, die einzige Nation auf Erden, für die Gott hingegangen ist, sie sich zum Volk zu erlösen, um dir einen Namen zu machen und große und furchtgebietende Taten zu tun, indem du vor deinem Volk, das du aus Ägypten erlöst hast, Nationen vertrieben hast?"*

David sagt, es gäbe keine andere Nation, die Gott als Nation vor anderen Nationen zu erlösen beschloss. Dies ist eine unleugbare Tatsache. Israel ist einzigartig.

In 2. Mose 19 finden wir die Verheißung, die Gott Israel gab, als es sich am Fuße des Berges Sinai sammelte, bevor er ihnen das Gesetz und die Gebote gegeben hatte. Und er trägt Mose auf, dem Volk Folgendes zu sagen. 2. Mose 19,6:

> *„Und ihr sollt mir ein Königreich von Priestern und eine heilige Nation sein."*

Es gibt keine andere Nation, zu der Gott jemals so etwas gesagt hätte.

In Römer 9,4 und 5 führt Paulus eine Reihe charakteristischer Merkmale auf, die nur für Israel und die Juden gelten. In Römer 9,4 und 5 spricht er von seinen Landsleuten, die Israeliten sind, und sagt über sie:

> *„... deren die Sohnschaft ist und die Herrlichkeit und die Bündnisse und die Gesetzgebung und der Gottesdienst und die Verheißungen* [beachten Sie, dass sich ‚die Sohnschaft', ‚die Bündnisse' und ‚die Verheißungen' ausschließlich auf Israel beziehen]*; deren die Väter sind und aus denen dem Fleisch nach der Christus ist ..."*

Das ist das charakteristischste aller charakteristischen Merkmale: Durch kein anderes als das jüdische Volk, durch Israel, kam der Heiland, der Messias Jesus Christus, in die Welt.

Auch in Offenbarung 5,5 finden wir ein bemerkenswertes Wort, das in gewisser Hinsicht so gewaltig ist, dass es mir fast den Atem verschlägt. Es wird eine Szene im Himmel geschildert, in der derjenige, der auf dem Thron sitzt, eine Schriftrolle mit sieben Siegeln in seiner rechten Hand hält. Niemand ist in der Lage, die Schriftrolle zu nehmen und die Siegel zu brechen; Johannes, der die Offenbarung schrieb, beginnt zu weinen, weil er so gerne gewusst hätte, was auf der Schriftrolle steht. Wir lesen den Text:

> *„Und einer von den Ältesten spricht zu mir: Weine nicht! Siehe, es hat überwunden der Löwe aus dem Stamm Juda, die Wurzel Davids, um das Buch und seine sieben Siegel zu öffnen."*

Ich möchte nicht näher darauf eingehen, was auf der Schriftrolle steht, sondern nur diesen Titel hervorheben. Wer war der „Löwe aus dem Stamm Juda"? Jesus. Das war viele Jahre nach seinem Tod und seiner Auferstehung. Und er wird immer noch „Löwe aus dem Stamm Juda" genannt. Und von diesem Wort „Juda" leitet sich unser Wort „Jude" ab.

Jesus identifizierte sich nicht nur zeitweilig mit dem jüdischen Volk, nicht nur für die wenigen Jahre, die er auf Erden lebte und diente. Diese Identifikation ist ewig. Im Himmel, viele Jahre nach seiner Auferstehung und Himmelfahrt, wird er immer noch „Löwe aus dem Stamm Juda" genannt. Er *war* nicht nur Jude; er *ist immer noch Jude*! Ich halte dies für absolut erstaunlich. Wir dürfen nie vergessen, dass dort oben ein Löwe ist, und er ist ein Jude. Eines Tages wird dieser Löwe brüllen – und wehe den Feinden des jüdischen Volkes, wenn der Löwe aus dem Stamm Juda brüllt. Zu der Zeit, in der dies geschieht, möchte ich für nichts in der Welt gegen ihn sein!

Eine letzte und, wie ich meine, vielleicht die wichtigste Aussage über das jüdische Volk finden wir in Johannes 4,22, wo Jesus mit einer Samariterin spricht und zu ihr sagt:

> *„Ihr* [Samariter] *betet an, was ihr nicht kennt; wir beten an, was wir kennen, denn das Heil ist aus den Juden."*

Das sind nur sechs Worte: „Das Heil ist aus den Juden." Sechs atemberaubende Worte. Woher kam das Heil? Von den Juden. Keine Juden, kein Heil. Ich bin Nichtjude, aber ich verdanke mein ganzes geistliches Erbe und jeden geistlichen Segen, den ich jemals genoss, einem einzigen Volk – dem jüdischen Volk. Ohne dieses Volk gäbe es keine Patriarchen, keine Propheten, keine Apostel, keine Bibel und keinen Heiland. Wieviel Heil hätten Sie und ich ohne diese fünf Dinge? Das Heil ist aus den Juden. Dies dürfen wir nie vergessen – und wir sollten uns auch dementsprechend verhalten. Jeder von uns, der in Jesus Christus gesegnet ist, verdankt all seine geistlichen Segnungen nur einer einzigen Nation – dem jüdischen Volk. Und es ist eine schreckliche Tatsache der Geschichte, dass sich die christliche Kirche – und damit meine ich nicht die wahren Christen, sondern ausdrücklich die christliche Kirche – viele, vielleicht siebzehn Jahrhundert lang – nicht demütigte und nicht anerkannte, dass sie in der Schuld des jüdischen Volkes steht, sondern sich statt dessen dem jüdischen Volk, jenem Volk, aus dem unser Heil kam, widersetzte, es verfolgte und verspottete. Das ist unvorstellbar! Es gibt kaum Worte, mit denen ich beschreiben könnte, für wie entsetzlich ich diese Tatsache halte. Wir verdanken den Juden unser ganzes Heil.

Ich bin durch und durch Brite, und wir Briten neigen dazu, stolz zu sein. Ich denke, einige von uns haben vergessen, dass wir kein Empire mehr haben. Ich war dabei, als das Empire gebaut wurde. Jedes mir bekannte männliche Mitglied meiner Familie baute als Offizier der britischen Armee in Indien mit an diesem Empire. Aber wir Briten müssen uns demütigen und zu den Juden sagen: „Es tut uns leid. Wir haben euch nicht wertgeschätzt." Wir waren nicht alle offensichtlich antisemitisch, aber in der britischen Nation gibt es einen unterschwelligen Antisemitismus. Und es gab Phasen in der Geschichte dieser Nation, in denen sie unverblümt antisemitisch war. Es gibt Städte in dieser Nation wie York und Bristol und andere, wo Juden unverhohlen und gewaltsam verfolgt wurden und viele von ihnen ums Leben kamen. Wir müssen uns demütigen. Wir müssen Buße darüber tun. Wir brauchen einen neuen Blick auf die Geschichte und müssen dem ins Auge sehen, was wirklich geschah.

Ich möchte Sie auf eine weitere einzigartige Tatsache in Bezug auf das jüdische Volk hinweisen, auf etwas absolut Einzigartiges: Seine ganze Geschichte wurde durch Prophetien vorausgesagt. Das ist bei keiner anderen Nation so, aber die ganze Geschichte des jüdischen Volkes seit Abraham wurde in Prophetien in der Bibel vorhergesagt.

Ich möchte Ihnen insgesamt sechzehn Phasen nennen, die bezüglich Israel in Prophetien vorausgesagt wurden und auch so eintrafen. Ich könnte jede einzelne dieser Phase mit Bibelstellen belegen, was jedoch den Rahmen dieses Buches sprengen würde. Die ersten drei Prophetien richteten sich an Abraham:

1. Die Vorhersage der Sklaverei in Ägypten.

2. Ihre Befreiung aus Ägypten und sie kamen, wie es Abraham gesagt worden war, mit vielen Besitztümern aus Ägypten heraus. Sie waren Sklaven gewesen und in einer Nacht, innerhalb von 24 Stunden, wurden sie reich mit dem Reichtum der Ägypter. Eine bemerkenswerte Tatsache, die vorab prophezeit worden war.

3. Auch die Besitznahme des Landes Kanaan war Abraham prophezeit worden. Nun gehen wir weiter zu 5. Mose und anderen Büchern.

4. Es wurde klar vorhergesagt, dass sie sich im verheißenen Land dem Götzendienst zuwenden würden – und so traf es auch ein.

5. Gott würde ein Zentrum der Anbetung in Jerusalem errichten.

6. Das nördliche Königreich Israel würde in die Gefangenschaft nach Assyrien weggeführt werden.

7. Das südliche Königreich Juda würde in die Gefangenschaft nach Babylon weggeführt werden.

8. Die Zerstörung des ersten, von Salomo errichteten Tempels wurde im Detail vorausgesagt.

9. Die Rückkehr eines kleinen Überrests aus Babylon war vorhergesagt worden.

10. Die Zerstörung des zweiten Tempels, der noch zu Zeiten Jesu stand – er selbst sagte dies im Detail vorher. Wenn man heute eine Stadtführung in Jerusalem mitmacht, wird man von den jüdischen Stadtführern durch den Tempelbezirk geführt; sie zeigen den Touristen einzelne Steine und sagen: „Sehen Sie, es war vorausgesagt worden, dass jeder Stein umgestürzt werden würde und dass kein Stein auf dem anderen bleiben würde." Die jüdischen Fremdenführer glauben viel mehr von der Bibel als einige christliche Prediger.

11. Es wurde vorhergesagt – in 3. Mose 26 und an vielen anderen Stellen –, dass die Juden aufgrund ihres Ungehorsams unter die Nationen, die Nichtjuden, zerstreut werden würden.

12. Sie würden von den Nichtjuden verfolgt und unterdrückt werden – das hat sich ganz sicher bewahrheitet.

13. Sie würden von allen Nationen gehasst werden. Dies erfüllt sich vor unseren Augen und es ist wichtig, dies zu begreifen.
    Dreizehn Vorhersagen wurden bereits erfüllt. Es bleiben, wie ich es sehe, noch drei übrig, die noch erfüllt werden müssen:

14. Die Sammlung aller Nationen zum Krieg gegen Jerusalem.

15. Die übernatürliche Offenbarung des Messias vor seinem Volk.

16. Das Kommen des Messias in Herrlichkeit und Macht, um sein Königreich auf Erden aufzurichten.

Von diesen sechzehn Vorhersagen, wurden also bereits dreizehn – dies entspricht etwa 81 Prozent – erfüllt. Ich denke, dass wir keine verrückten Fanatiker sind, wenn wir glauben, dass sich auch die restlichen drei Vorhersagen noch erfüllen werden. Die Menschen sehen uns seltsam an, so als glaubten wir eigenartige Dinge. Doch ich war von Berufs wegen Logiker bevor ich Prediger wurde, und für mich ist es logisch zu glauben, dass man, wenn ein Buch dreizehn Ereignisse korrekt und exakt vorhersagen kann, auch alle anderen Vorhersagen dieses Buchs ziemlich ernst nehmen sollte.

# Der Plan Gottes für das Land Israel

Nun kommen wir zum vielleicht kontroversesten Thema der heutigen Politik, nämlich dem Plan Gottes für das Land Israel, das fälschlicherweise „Palästina“ genannt wird. Ich möchte Sie darauf hinweisen, dass es der biblischen Wahrheit gänzlich widerspricht, das Land „Palästina“ zu nennen. „Palästina“ bedeutet ja „Land der Philister“ und dieser Begriff wurde zum ersten Mal gebraucht, als die Römer den ersten Tempel erobert und zerstört hatten. Anschließend verwendeten sie den Begriff „Palästina“, um zu bekräftigen, dass die Juden keinen Anspruch mehr auf das Land hatten. Es war also ein bewusst gewählter, antisemitischer Begriff.

Meiner zweiten Frau Ruth sträubten sich immer die Haare, wenn ich damit anfing, von „Palästina“ zu sprechen. Sie sagte stets : „Nenne Israel nie Palästina.“ Ich sagte dann zu ihr, dass man manchmal „Palästina“ sagen muss, weil die Leute so wenig Ahnung haben und einfach nicht wissen, wovon man spricht, wenn man einen anderen Begriff verwendet. Gott vergebe ihnen ihre Unwissenheit.

Doch wir wollen nun den Plan Gottes für das Land Israel näher betrachten. In der Bibel heißt dieses Land „Kanaan", bzw. im Neuen Testament in der Regel „Israel". In den ersten beiden Kapiteln des Matthäusevangeliums wird es zweimal „Land Israel" genannt. Das ist der biblische Name für dieses Land.

Betrachten wir nun, was Gott darüber zu sagen hat. In 1. Mose 17, Vers 7 und 8 erschien Gott Abraham und schloss in absolut souveräner Weise – und ohne Abrahams Dazutun – einen Bund mit ihm. Gott traf eine Entscheidung und sagte zu Abraham (1. Mose 17,7-8):

> *„Und ich werde meinen Bund aufrichten zwischen mir und dir und deinen Nachkommen nach dir durch alle ihre Generationen zu einem ewigen Bund, um dir Gott zu sein und deinen Nachkommen nach dir. Und ich werde dir und deinen Nachkommen nach dir das Land deiner Fremdlingschaft geben, das ganze Land Kanaan, zum ewigen Besitz, und ich werde ihnen Gott sein."*

Es gibt also keine Debatte darüber, wem das Land gehört, wenn man der Bibel glaubt – gleichgültig, ob Israel nun in diesem Land ist oder nicht. Dies macht keinen Unterschied. Gott hat es ihm „zum ewigen Besitz" gegeben.

Dann haben wir noch eine bemerkenswerte Passage in Psalm 105, eine der, wie ich meine, bemerkenswertesten Passagen der ganzen Bibel. Hier geht es um eine Aussage über den Plan Gottes für ein Land – und darin finden sich mehr Worte, die die totale Hingabe und Verpflichtung Gottes ausdrücken als in irgendeiner anderen mir bekannten Bibelstelle. Psalm 105,7-10:

> „*Er ist der Herr, unser Gott! Seine Urteile ergehen auf der ganzen Erde* [mit anderen Worten: Was Gott beschließt, gilt in jedem Winkel der Erde]. *Er gedenkt ewig seines Bundes - des Wortes, das er geboten hat auf tausend Geschlechter hin –, den er gemacht hat mit Abraham, und seines Eides an Isaak. Er richtete ihn auf für Jakob zur Ordnung, Israel zum ewigen Bund ...*“

In diesen vier Versen erscheinen mehr Worte, die beschreiben, wie sehr sich Gott einer Sache verpflichtet hat, als irgendwo sonst in der Bibel. Nirgends sonst in der Heiligen Schrift findet man eine vergleichbare Passage. Ich möchte die Worte kurz aufzählen: *Bund, Wort, gebieten, Eid, Ordnung* und *ewiger Bund*. Das Atemberaubende ist nun, wem gegenüber sich Gott so total, vorbehaltlos und entschieden verpflichtet fühlt und was seine Verpflichtung beinhaltet:

> „*... indem er sprach: Dir will ich das Land Kanaan geben als euch zugemessenes Erbe.*“

All diese Worte – *Bund, Wort, gebieten, Eid, Ordnung* und *ewiger Bund* – beziehen sich darauf, dass Gott Israel das ganze Land Kanaan gibt. Ich denke, jeder, der dagegen handelt, gegen Gott handelt.

In Jeremia 30 haben wir eine jener zahllosen Stellen, die die Rückkehr des jüdischen Volkes in sein Erbteil in den letzten Tagen vorhersagen. Jeremia 30, ab Vers 3:

> *„,Denn siehe, Tage kommen', spricht der Herr, ,da werde ich mein Volk Israel und Juda aus der Gefangenschaft zurückbringen', spricht der HERR. ,Und ich bringe sie in das Land zurück, das ich ihren Vätern gegeben habe, damit sie es in Besitz nehmen.'„*
>
> (teilw. wörtl. a. d. Engl.)

Ich denke, jeder, der sich einigermaßen in der Bibel auskennt, weiß, was dieses Land ist, das Gott Abraham und seinen Nachkommen gegeben hat – das Land Kanaan, das Land Israel, das Land, das wir heute das „Heilige Land" nennen. Gott sagt: „Wenn die Zeit kommt, werde ich die Nachkommen Israels und Judas aus ihrer Gefangenschaft zurückholen und in das Land bringen, das ich ihren Vätern gab."

Ein Bekannter von mir, ein britischer Prediger, antwortete auf die Frage, ob er der Meinung sei, dass die Rückkehr der Juden in dieses Land ein Werk Gottes wäre: „Wenn es ein Werk Gottes wäre, gäbe es Frieden."

Er kannte seine Bibel nicht richtig, denn über die Rückkehr der Juden in dieses Land sagt Gott folgendes:

> *„Denn so spricht der Herr: Eine Stimme des Schreckens haben wir gehört. Da ist Furcht und kein Friede. Fragt doch nach und seht, ob ein Mann gebären kann! War-*

*um sehe ich die Hände eines jeden Mannes auf seinen Lenden, einer Gebärenden gleich, und alle Gesichter in Blässe verwandelt?"*

Das ist ein Bild von großem Schrecken, von Unterdrückung und Widerstand.

*„Wehe! Denn groß ist jener Tag, keiner ist wie er, und es ist eine Zeit der Bedrängnis für Jakob; doch wird er aus ihr gerettet werden."*

Die Rückkehr des jüdischen Volkes in das Land wird demnach nicht sofort zu Frieden führen. Ganz im Gegenteil: Sie wird in eine Zeit der Not gipfeln, wie es Israel noch nie zuvor erlebt hat. Doch die Verheißung lautet, dass sie daraus gerettet werden – nicht davor bewahrt, sondern daraus gerettet.

Im letzten Vers von Jeremia 30 finden wir eine Art kurzer Zusammenfassung; sie lautet:

*„Am Ende der Tage werdet ihr das verstehen."*

Das ist also eine Vorhersage der Rückführung des jüdischen Volkes in sein eigenes Land in den letzten Tagen. Und in der Vorhersage heißt es, dass nicht augenblicklich Frieden herrschen werde. Ganz im Gegenteil: Der Konflikt werde sich verschärfen; er verschärft sich jetzt und wird sich noch weiter verschärfen.

Betrachten wir nun eines der meines Erachtens aufregendsten Kapitel der Bibel: Hesekiel 36. Es ist eine kurze

Beschreibung der Phasen der Rückkehr des jüdischen Volkes in sein eigenes Land. In Hesekiel 36 ab Vers 16 heißt es:

> *„Und das Wort des Herrn geschah zu mir so: Menschensohn, als das Haus Israel noch in seinem Land wohnte, da machten sie es unrein durch ihren Weg und durch ihre Taten, wie die Unreinheit der Monatsregel war ihr Weg vor mir* [beachten Sie, dass es ihr eigenes Land war, sie es jedoch durch ihre Sünde unrein machten. Deshalb sagt Gott weiter:] *Da goss ich meinen Grimm über sie aus wegen des Blutes, das sie im Lande vergossen, und weil sie es mit ihren Götzen unrein gemacht hatten."*

Gott brachte also Gericht über das Volk wegen seiner Sünde und seines Götzendienstes, während es noch im Land war. Die nächste Phase des Handelns Gottes lesen wir im folgenden Vers:

> *„Und ich versprengte sie unter die Nationen, und sie wurden in die Länder zerstreut; nach ihrem Weg und nach ihren Taten richtete ich sie."*

Das nächste Gericht war die Zerstreuung in alle Länder. Dann sagt Gott: „Es war beschämend für mich, was sie in den anderen Nationen taten."

> *„So kamen sie zu den Nationen, aber wohin sie auch kamen, da entweihten sie meinen heiligen Namen, indem man von ihnen sagte: ‚Das Volk des Herrn sind*

*diese, [aber] aus seinem Land haben sie hinausziehen müssen.'"*

Der Herr sagte: „Es war beschämend für mich, wie sich die Menschen verhielten, die das Land hatten verlassen müssen und zerstreut worden waren, denn sie verhielten sich überhaupt nicht wie mein Volk."

Der nächste Vers ist ausgesprochen wichtig, weil Sie nämlich erst dann verstehen werden, wie Gott mit Israel handelt, wenn Sie sein oberstes Motiv verstanden haben. Vers 21:

*„Da tat es mir leid um meinen heiligen Namen, den das Haus Israel unter den Nationen entweiht hatte, wohin sie auch kamen."*

Gott tut das, was er tut, nicht um des jüdischen Volkes willen. Er tut es um seines Namens willen. Wenn Sie dies nicht verstehen, werden Sie auch nicht in der Lage sein, den Ereignissen der Geschichte zu folgen. Gott greift ein um der Ehre seines Namens willen.

Als nächstes sagt Gott, was er tun wird. Das ist sehr interessant und überhaupt nicht kompliziert. Es folgt eine Beschreibung der schrittweisen Rückführung des jüdischen Volkes zu seinem Land und zu seinem Gott.

Man könnte nun sagen: „Gott, warum hast du es ausgerechnet so gemacht? Meiner Meinung nach hätten sie erst

Buße tun und dann erst in ihr Land zurückkehren sollen." Nun, das müssen Sie mit Gott ausmachen, denn Gott sagt, dass es nicht so geschehen soll. Die Juden werden in ihr Land zurückkommen und dann werden sie Buße tun.

Ich habe schon viele Christen sagen hören: „Ich könnte an die Wiederherstellung des jüdischen Volkes glauben, wenn es Buße getan und Jesus als seinen Messias anerkannt hätte." Auch das müssen sie mit Gott ausmachen, denn Gott hat es anders arrangiert. Er sagt in den Versen 22 und 23:

> *„Darum sage zum Haus Israel: So spricht der Herr: Nicht um euretwillen handle ich, Haus Israel, sondern um meines heiligen Namens willen, den ihr entweiht habt unter den Nationen, zu denen ihr gekommen seid. Und ich werde meinen großen, unter den Nationen entweihten Namen heiligen, den ihr mitten unter ihnen entweiht habt. Und die Nationen werden erkennen, dass ich der Herr bin, spricht der Herr, wenn ich mich vor ihren Augen an euch als heilig erweise."*

„Ich werde durch das, was ich für euch und in euch tue, die Ehre meines Namens wiederherstellen." Dann nennt er einige einfache Schritte, die sich heute ganz exakt erfüllen. Der nächste Schritt, Vers 24:

> *„Und ich werde euch aus den Nationen holen und euch aus allen Ländern sammeln und euch in euer Land bringen."*

Wessen Land? Euer Land! Ob sie darin wohnten oder nicht – es war immer ihr Land, da Gott es ihnen in einem ewigen Bund gegeben hatte. Aber sie wohnten eben nicht darin. Nun sagt Gott: „Jetzt werde ich euch aus den Nationen holen, euch aus allen Ländern sammeln und euch in euer eigenes Land bringen."

Ich studierte an der Hebrew University in Jerusalem. Ich war in einer Klasse von etwa dreißig Personen, die aus mindestens zehn verschiedenen Nationen kamen. Man schätzt, dass die Juden in diesem Jahrhundert aus insgesamt über 100 Nationen dieser Erde in ihr Land zurückgeführt worden sind. Das ist ein erstaunliches Wunder. Meiner Meinung nach ist es ein noch größeres Wunder als die Befreiung des Volkes aus Ägypten.

Meine erste Frau war Dänin. Sie sagte immer: „Wenn man die Dänen in alle Nationen der Welt zerstreuen würde und nach zweihundert Jahren zurückkäme, würde man keinen einzigen Dänen mehr finden. Sie wären völlig in ihrer jeweiligen Nation aufgegangen." Doch die Juden sind bereits seit etwa Zweitausend Jahren zerstreut! Und dennoch sind sie noch heute eine klar identifizierbare, separate Volksgruppe. Das ist ein Wunder. Und dass so viele Menschen aus so vielen Nationen zurückgeholt werden, ist an sich schon ein wunderbares Eingreifen Gottes.

Ich war Ende des Zweiten Weltkriegs in Israel und hörte einige Berichte von Juden, in denen sie erzählten, woher sie kamen und was dabei geschah. Ich muss sagen, dass dieses ganze Szenario in meinen Augen in vielerlei Hinsicht ein größeres Wunder ist als der Auszug aus Ägypten. Es wäre nicht geschehen, wenn Gott es nicht hätte geschehen lassen. Und Gott sagte: „Ich werde es tun." Lesen wir diese Stelle noch einmal:

*„Und ich werde euch aus den Nationen holen und euch aus allen Ländern sammeln und euch in euer Land bringen.*

Weiter heißt es:

*„Und ich werde reines Wasser auf euch sprengen, und ihr werdet rein sein; von all euren Unreinheiten und von all euren Götzen werde ich euch reinigen."* (V.25)

Beachtet: Sie müssen zurückgeholt werden, während sie noch unrein sind. Das passt überhaupt nicht zur theologischen Lehre einiger Leute. Doch so ist es nun einmal. Wenn manche Menschen ein Problem damit haben, müssen sie dies mit Gott ausfechten. Gott sagt: „Wenn ich sie erst wieder im Land habe, werde ich an ihnen handeln. Dann werde ich reines Wasser auf sie sprengen und sie werden von all ihren Unreinheiten rein werden."

Im Propheten Hosea heißt es über sie:

*„Und es wird geschehen, an der Stelle, an der zu ihnen gesagt wurde: Ihr seid nicht mein Volk!, wird zu ihnen*

*gesagt werden: Ihr seid mein Volk und ich bin euer Gott."* (wörtl. a. d. Engl.)

Gott musste sie also an den Ort zurückbringen, von dem aus sie ursprünglich zerstreut worden waren, um an ihnen zu handeln und sie wiederherzustellen. Das ist meines Erachtens absolut logisch.

Das erste, was der Herr tun wird, ist, sie mit reinem Wasser zu besprengen. Meiner Meinung nach ist das „reine Wasser" das Wort Gottes. Ich denke, dass das jüdische Volk derzeit gerade mit dem Wort Gottes besprengt wird; nicht überschwemmt, aber besprengt.

Ihr müsst wissen, dass die Geschichte des jüdischen Volkes in vielerlei Hinsicht der Geschichte der katholischen Kirche ähnelt. Natürlich gibt es viele Unterschiede, doch im Grunde war in der katholischen Kirche der Priester derjenige, der die Bibel kannte, d.h. der die Bibel kennen sollte. Die Menschen lasen nicht selbst in der Bibel. Sie glaubten, was der Priester ihnen sagte.

In gewissem Maße galt das auch für die Juden. Der Rabbi war derjenige, der alle Antworten hatte. Die Menschen brauchten nicht selbst nachzudenken. Sie mussten einfach nur tun, was ihnen der Rabbi sagte. Doch jetzt werden sie mit reinem Wasser besprengt. Das Wort Gottes kommt zu ihnen – und zwar immer mehr. Die Zahl der Gemeinden mit Juden, die an Jesus als den Messias glauben, wächst mit erstaunlicher Geschwindigkeit.

Ich erinnere mich noch, wie ich 1948 in Jerusalem war. Wenn man damals einen jüdischen Gläubigen pro Jahr traf, war das etwas ganz Außergewöhnliches. Heute trifft man an jeder Ecke einen neuen jüdischen Gläubigen.

Ich denke, es gibt inzwischen etwa achtzehn hebräischsprachige, jüdische Gemeinden in Jerusalem! Und das ist alles in den vergangenen paar Jahren entstanden. Gott sprengt reines Wasser auf sie – das reine Wasser des Wortes Gottes.

Dann sagt er in Hesekiel 36,26:

*„Und ich werde euch ein neues Herz geben und einen neuen Geist in euer Inneres geben; und ich werde das steinerne Herz aus eurem Fleisch wegnehmen und euch ein fleischernes Herz geben.“*

In den Jahrhunderten der Zerstreuung hatte das jüdische Volk ein steinernes Herz, das Gericht Gottes. Ein steinernes Herz kann nicht auf den Heiligen Geist reagieren. Sie waren unfähig, auf ihn zu reagieren, auch wenn es immer Ausnahmen gab.

Doch jetzt nimmt Gott ihr steinernes Herz weg und gibt ihnen ein fleischernes Herz. Und eine der phantastischsten Veränderungen betrifft ihre Haltung gegenüber Jeschua, gegenüber Jesus.

Ich erinnere mich noch, wie ich mich 1947 oder 48 mit einem Juden unterhielt. Ich sagte zu ihm: „Ich glaube, dass

Jesus der Messias ist." Er drehte sich um und spuckte auf den Boden. Das war seine Reaktion auf den Namen „Jesus". Ein Religionsprofessor der Hebrew University in Jerusalem äußerte vor einigen Jahren folgenden Kommentar: „Früher wollten alle meine Studenten etwas über theologische Streitpunkte wissen. Heute wollen sie alle etwas über Jesus wissen." Seht ihr, es vollzieht sich eine ganz bezeichnende und entscheidende Veränderung. Gott hat gesagt, dass diese Veränderung kommen würde: „Und ich werde euch ein neues Herz geben und einen neuen Geist in euer Inneres geben; und ich werde das steinerne Herz aus eurem Fleisch wegnehmen und euch ein fleischernes Herz geben."

Der nächste Vers:

*„Und ich werde meinen Geist in euer Inneres geben; und ich werde machen, dass ihr in meinen Ordnungen lebt und meine Rechtsbestimmungen bewahrt und tut."*

Gott sagt: „Ich werde nicht nur einen neuen Geist in euer Inneres geben – das ist die Wiedergeburt –, sondern ich werde **meinen** Geist in euer Inneres geben." Für mich ist das die Taufe im Heiligen Geist. Dann sagt Gott: „Nun werdet ihr in der Lage sein, meine Gebote zu halten."

Ohne den Heiligen Geist kann man die Gebote Gottes nicht halten. 1932 wurde ich als Junge in Eton konfirmiert. Ich wollte eigentlich gar nicht konfirmiert werden. Deshalb fragte man bei meinem Vater an, ob ich konfirmiert werden sollte; mein Vater diente zu jener Zeit in Indien und schrieb zurück: „Alle Jungen in deinem Alter werden konfirmiert. Du wirst konfirmiert." Also wurde ich konfirmiert.

Vor meiner Konfirmation war ich ein unkonfirmierter Sünder, und nach meiner Konfirmation war ich ein konfirmierter Sünder. Ich möchte damit nichts abkanzeln, aber so war es nun einmal. Ziemlich genau zehn Jahre später erfüllte Gott mich mit dem Heiligen Geist, woraufhin ich zum ersten Mal Gott mit fröhlichem Herzen gehorchen konnte. Es war kein Kampf. Und genauso wird es dem jüdischen Volk ergehen. Gott sagt: *„Und ich werde meinen Geist in euer Inneres geben; und ich werde machen, dass ihr in meinen Ordnungen lebt und meine Rechtsbestimmungen bewahrt und tut."*

Nun der letzte Vers in diesem Abschnitt, Vers 28:

> *„Und ihr werdet in dem Land wohnen, das ich euren Vätern gegeben habe, und ihr werdet [mein] Volk, und ich, ich, werde [euer] Gott sein."*

Man muss das Ende ansehen. All das sind Phasen, doch der Höhepunkt lautet: „Ihr werdet mein Volk sein und ich werde euer Gott sein." Und Gott beschreibt ganz leicht verständlich die verschiedenen Phasen, durch die er sein Volk zu diesem Höhepunkt leiten wird. Wenn Sie dem jüdischen Volk kritisch gegenüberstehen, dann vergessen Sie nicht, dass Sie geduldig sein müssen. Gott ist am Werk. Er tut etwas. Er hat viele Jahrhunderte im voraus einen Abriss dessen gegeben, wie er an den Juden handeln würde. Er geht diesen Weg Schritt für Schritt. Es erfüllt sich vor unseren Augen. Es ist begeisternd, dem zuzusehen.

Wenn man diese Passage Hesekiel 36,23-30 auf hebräisch liest, sagt Gott 18 mal „ich werde“. Wir haben es hier mit einem souveränen Gott zu tun. Wir haben keinen Gott, der unsere Zustimmung bräuchte oder der nicht wüsste, was er tun solle. Er hat sich alles zurechtgelegt und er sagt 18 mal: „Ich werde, ich werde, ich werde ...“

Glauben Sie an die Souveränität Gottes? Ich auf jeden Fall. Ich bin deshalb kein Kalvinist, aber meine Definition der Souveränität Gottes lautet: „Gott tut, was er will, wie er will, wann er will und er fragt niemanden um Erlaubnis – nicht einmal mich.“ Manche Leute meinen, Gott müsste sie um Erlaubnis fragen, bevor er etwas tut, doch dem ist nicht so.

# Prophetien, die sich derzeit erfüllen

All das ist für Sie und mich von großer Bedeutung. Gott sagt in Jesaja 11, was die Wiederherstellung Israels für die anderen Nationen bedeutet. Jesaja 11,11-12:

> „*Und an jenem Tag* [mit ‚jener Tag' ist bei Jesaja und anderen Propheten meistens die Endzeit gemeint – nicht immer, aber in der Regel] *wird es geschehen, da wird der Herr noch einmal seine Hand erheben, um den Überrest seines Volkes, der übrigbleibt, loszukaufen aus Assur und Ägypten, aus Patros und Kusch, aus Elam, Schinar und Hamat und von den Inseln des Meeres.*"

Jesaja sagt hier eine zweite Sammlung voraus. Das ist etwas sehr Bemerkenswertes an der Bibel, denn obwohl die erste Sammlung noch nicht stattgefunden hatte, sieht Gott schon weit nach vorne. Die erste Sammlung war eine kurze, teilweise Sammlung nach der babylonischen Gefangenschaft gewesen. Doch Gott sagt, es werde eine zweite

Sammlung geben, und zwar eine weltweite Sammlung, nicht nur aus den wenigen Regionen, in die die Juden während der babylonischen Gefangenschaft zerstreut worden waren, sondern eine Heimführung aus aller Welt – *„... da wird der Herr noch einmal seine Hand erheben, um den Überrest seines Volkes ... loszukaufen ...“* Wenn Gott seine Hand erhebt, um etwas zu tun, dann wird er es auch tun. Wehe dem, der sich ihm in den Weg stellt!

Für mich ist das eine sehr anschauliche Beschreibung. Welche Bedeutung hat dieses Ereignis?

> *„Und er wird den Nationen ein Feldzeichen aufrichten und die Vertriebenen Israels zusammenbringen, und die Verstreuten Judas wird er sammeln von den vier Enden der Erde.“*

Beachten Sie, dass es sich tatsächlich um eine weltweite Sammlung handelt. Die Sammlung aus Babylonien war teilweise und beschränkte sich auf bestimmte Gebiete. Doch diese Sammlung ist weltweit. Und dies erfüllt sich Wort für Wort. Die Juden werden aus über hundert Nationen gesammelt. Es gibt kein Gebiet der Erde, aus dem die Juden nicht gesammelt werden würden. Doch all das war bereits vor der ersten Zerstreuung und der ersten Sammlung vorausgesagt worden.

Dann sagt Gott sehr anschaulich: „Und er wird den Nationen ein Feldzeichen aufrichten und die Vertriebenen Israels zusammenbringen ...“. Die „Nationen“ sind die anderen, nichtjüdischen Nationen. Die Rückführung des jüdischen Volkes in sein eigenes Land ist also Gottes Feldzeichen oder Banner für die Nationen. Wir sollten darauf achten.

Was ist ein Banner? Meine einfache Definition lautet: „Ein Banner ist in der Regel so etwas wie eine Flagge oder etwas ähnliches, das auf etwas aufgepflanzt wird, um es hervorzuheben und auf weite Entfernung sichtbar zu machen – und meist stehen auch noch ein paar Worte darauf." So verstehe ich die Sammlung des jüdischen Volkes. Sie ist Gottes Banner, das aufgepflanzt wird, damit alle Nationen es sehen. Und dass die Nationen es sehen, kann man daran erkennen, dass keine Woche vergeht, in der die Medien nicht über Israel berichten würden. Dies ist um so erstaunlicher, wenn man sich vor Augen führt, dass diese Nation weniger als sechs Millionen Einwohner hat und von seiner Fläche her kleiner als Wales ist. Und dennoch ist sie Woche für Woche in den Nachrichten. Warum? Weil sie Gottes Banner ist, das seinem Willen nach alle Nationen sehen sollen. Sie ist als Banner aufgepflanzt.

Welche Worte stehen auf dem Banner? Dies ist nur meine eigene, persönliche Deutung. Doch für mich sagt Gott durch dieses Banner: „Gott hält seinen Bund." Wann schloss Gott einen Bund mit Abraham? Vor etwa 3800 Jahren. Er sagte: Ich werde dir und deinen Nachkommen dieses Land geben." Die meisten Leute – und sogar die meisten Israeliten – haben das vergessen. Die Menschen dachten, das sei Vergangenheit. Aber es gibt jemanden, der es nicht vergessen hat: Gott. Er sagte: „Ich halte meinen Bund." Wie wichtig es doch ist, dass wir alle uns dessen bewusst sind. Gott hält seinen Bund. Das ist für uns Christen sehr wichtig, denn unsere Beziehung zu Gott beruht auf dem Bund, der durch das Blut Jesu geschlossen wurde. Wenn Gott seinen Bund mit Israel brechen würde, könnte man doch nicht mit Gewissheit sagen, dass er nicht auch seinen Bund mit der Gemeinde brechen würde. Aber er wird ihn nicht brechen. Er ist nie bündnisbrüchig. Er schloss einen Bund und er hält diesen Bund. Das ist eine gute Nachricht. Das begeistert mich.

Meine erste Frau und ich samt Familie waren am 29. November 1947 in Jerusalem, als die Vereinten Nationen beschlossen, dieses kleine Territorium zu teilen und Israel nur einen kleinen Streifen Land zu geben. Im Zentrum von Jerusalem hakten sich die jungen Juden, die Mädchen und Jungen, unter und tanzten fast die ganze Nacht durch auf dem Zion Square die Hora. Warum waren sie so begeistert? Weil Gott seinen Bund hielt. O wie wunderbar er ist!

Daraus lässt sich ein ernstes Fazit für die Nationen ziehen – nicht zuletzt für Großbritannien, ja in vielerlei Hinsicht in erster Linie und vor allem für Großbritannien, weil Großbritannien in alledem eine ganz spezielle Rolle spielte.

In Joel 4,1-2 sagt Gott:

*„Denn siehe, in jenen Tagen und zu jener Zeit, wenn ich die Gefangenen Judas und Jerusalems zurückbringen werde, dann werde ich alle* [nichtjüdischen]

*Nationen versammeln und sie ins Tal Joschafat hinabführen* [Der Name ‚Joschafat' bedeutet ‚der Herr richtet']. *Und ich werde dort mit ihnen* [also mit allen Nationen] *ins Gericht gehen wegen meines Volkes und meines Erbteils Israel, das sie unter die Nationen zerstreut haben. Und mein Land haben sie geteilt ...*"

Bevor es das Land Israels war, war es Gottes Land. Gott gab es Israel. Wie aktuell dieses Wort „Aufteilung des Landes" doch ist. Gott wird also die Nationen richten, die sein Land aufgeteilt haben.

Am Ende des Ersten Weltkriegs übertrug der Völkerbund Großbritannien das Mandat, das Heilige Land, also dieses Land, zu verwalten. Es hatte dabei den speziellen Auftrag, eine Heimat für das jüdische Volk zu schaffen. Das war ca. 1919. 1922 schuf Winston Churchill, der damals Außenminister war, mit einem einzigen britischen Federstrich eine arabische Nation, die damals „Transjordanien" hieß, das heutige Jordanien. Dieser Nation teilte er etwa 75 Prozent des gesamten Territoriums zu, das Israel zugedacht gewesen wäre. Und in diesem Land Jordanien durfte kein Jude leben, während jeder Araber, der es wollte, in dem Israel zugeteilten Land wohnen durfte. Letztlich bekam das jüdische Volk also etwa 25 Prozent dessen, was ihm eigentlich hätte zugeteilt werden sollen.

Nach dem Zweiten Weltkrieg beschloss die UNO eine Teilung und nahm etwas weniger als die Hälfte der verbliebenen 25 Prozent und teilte sie Israel zu. Also hatten sie anstelle von 100 Prozent am Ende lediglich etwa 12 Prozent. Wer war dafür verantwortlich? Großbritannien.

Danach beschloss die UNO, Israel einen eigenen Staat zu geben. Ich war Augenzeuge. Ich lebte damals in Israel. Ich war Brite. Ich war aus der britischen Armee ausgeschieden. Ich hatte Zugang zu bestimmten Informationen. Es war nun nicht so, dass die Briten den Vereinten Nationen offen getrotzt hätten, aber sie beschlossen, das Spielchen auf ihre Weise zu spielen. Und sie taten alles außer einen offenen, bewaffneten Konflikt auszutragen, um die Schaffung des Staates Israel zu verhindern.

Ich sah es mit meinen eigenen Augen. Die Briten machten die Vorstellung, dass die Juden je einen eigenen Staat haben könnten, lächerlich. „Diese Juden haben keine Ahnung von Ackerbau. Sie wissen nur, wie man Geld macht." Das war der britische Kommentar. Es herrschte große Gefahr für das jüdische Volk, und meine erste Frau Lydia und ich waren mittendrin. Wir lebten mitten im jüdischen Teil von Jerusalem.

Was war die Folge dieser Politik? Dies ist sehr wichtig: 1. Der Staat Israel wurde gegründet. 2. Das britische Empire brach auseinander. Warum brach es auseinander? Weil sich die Briten gegen die Absichten Gottes für Israel stellten. Wehe jeder Nation und jeder Regierung, die sich gegen die Absichten Gottes für Israel stellt!

Ich hoffe, wir haben unsere Lektion gelernt. Ich glaube, dass wir Briten uns als Nation vor Gott demütigen müssen und dies als Sünde bekennen müssen. Wir müssen sagen: „Gott, wir haben uns gegen deine Absichten gestellt. Wir haben dein Volk herabgesetzt." Damals gab es jede Menge antisemitischen Spottes über das jüdische Volk. Aber keine Nation, gleichgültig wie mächtig oder wohlhabend sie ist, kann sich gegen Gottes Absichten stellen und weiterhin gedeihen.

# Was steckt dahinter?

Meines Erachtens spielt sich heute etwas Ähnliches in den Vereinigten Staaten von Amerika ab. Dort höre ich denselben politischen Sprachgebrauch. Man sagt nette Dinge und nimmt gleichzeitig dem jüdischen Volk etwas weg. Ich persönlich glaube, dass Präsident Clinton fallen wird. Das ist meine persönliche Meinung, weil er die falsche Haltung zu den Absichten Gottes mit Israel hat. Man kann wie ein Israel-Freund sprechen und nett sein und nur Dinge sagen, die politisch korrekt sind, doch im Innersten geht es einem nur um eines: Öl! Das ist es, was sie interessiert. Das ist es, was die Supermächte motiviert. Das ist es, was die EU motiviert. Öl. Israel hat offensichtlich kein Öl anzubieten. Deshalb sagen wir Nettigkeiten; deshalb äußern wir uns politisch korrekt; wir bedienen uns des demokratischen Sprachgebrauchs, doch gleichzeitig achten wir nur auf unseren Geldbeutel. So stellt sich der Sachverhalt dar.

Noch eine letzte Tatsache im Zusammenhang mit dieser Situation ist sehr, sehr wichtig, nämlich die Frage, was steckt eigentlich hinter alledem? Es ist doch absurd: Ungefähr die Hälfte aller UN-Resolutionen befassen sich mit Israel.

Man kann sich eigentlich nichts Unangemesseneres und Lächerlicheres vorstellen! Das muss einen Grund haben. Warum hört oder liest man in den Tageszeitungen und Fernsehnachrichten andauernd etwas über diesen kleinen Landstrich, in dem sechs Millionen Menschen leben? Im Vergleich mit dem Rest der Welt ist das doch nur wie ein Wassertropfen im Ozean. Woher kommen der Druck, der Widerstand und all die Konflikte? Ich werde versuchen, es Ihnen zu erklären.

In Matthäus 23,37-39 lesen wir sehr traurige Worte. Es geht hier um Jesu Abschied von Jerusalem – ein sehr trauriger und tragischer Abschied. Jesus sagt:

> *„Jerusalem, Jerusalem, die da tötet die Propheten und steinigt, die zu ihr gesandt sind! Wie oft habe ich deine Kinder versammeln wollen, wie eine Henne ihre Küken versammelt unter ihre Flügel, und ihr habt nicht gewollt!* [Das steht im Plural; es gibt also eine Art kollektiven Willen des jüdischen Volkes. Sie als Volk wollen nicht. Dann sagt er:] *Siehe, euer Haus wird euch öde gelassen ...*"

Wenn es hier heißt „euer Haus" ist damit der Tempel gemeint, denn diesen nennt man *habiat*, „das Haus". Und das stimmt wirklich. Innerhalb einer Generation war er öde gelassen und verlassen.

Dann der letzte Vers:

*„... denn ich sage euch: Ihr werdet mich von jetzt an nicht sehen, bis ihr sprecht: ‚Gepriesen sei, der da kommt im Namen des Herrn!'"*

Auch dies steht im Plural. „*Ihr*" (Plural), nicht Jerusalem allein, sondern „ihr", das jüdische Volk, „... ihr, das jüdische Volk, werdet mich von jetzt an nicht sehen, bis ihr, das jüdische Volk, sprecht: ‚Gepriesen sei, der da kommt im Namen des Herrn!'„Das ist der ganz normale hebräische Gruß: „Baruch haba beschem Adonai" – „Gepriesen sei, der da kommt im Namen des Herrn!"

Damit sagt er also: „Ich komme erst zurück, wenn ihr bereit seid, mich willkommen zu heißen." Die Herzen des jüdischen Volkes müssen vorbereitet sein, bevor er zurückkehrt.

In Sacharja 12,10 lesen wir, wie sich dieses Bild am Ende der Zeit darstellen wird. Sacharja 12, 13 und 14 befasst sich mit der Situation im Land Israel am Ende der Zeit. Der Herr sagt:

*„Aber über das Haus David und über die Bewohnerschaft von Jerusalem gieße ich den Geist der Gnade und des Flehens aus ..."*

Beachten Sie, dass man erst dann flehen kann, wenn der Herr den Geist der Gnade gegeben hat. Wenn er Ihnen den Geist der Gnade gibt, können Sie mit Flehen antworten.

*„... und sie werden auf mich blicken, den sie durchbohrt haben, und werden über ihn wehklagen, wie man über den einzigen Sohn wehklagt, und werden bitter über ihn weinen, wie man bitter über den Erstgeborenen weint."*

Es ist der Herr, der hier sagt: „Sie werden auf mich blicken, den sie, das jüdische Volk, durchbohrt haben ..." Es ist höchst erstaunlich, dass sie das lesen können, ohne zu verstehen, was es bedeutet, denn schließlich ist das die deutlichste Aussage in der Bibel überhaupt, dass sie den Herrn kreuzigen werden: „Sie werden auf mich blicken, den sie durchbohrt haben ..."

Dann heißt es: „... und sie werden über ihn wehklagen, wie man über den einzigen Sohn wehklagt, und werden bitter über ihn weinen, wie man bitter über den Erstgeborenen weint." Der Heilige Geist wird dem jüdischen Volk Jesus offenbaren und wird ihm zeigen, wer er wirklich ist. Und dann wird es eine Wehklage geben, wie man sie in der ganzen Geschichte Israels noch nie zuvor gehört hat. Zum ersten Mal werden sie erkennen: „Wir haben unseren Messias gekreuzigt. Wir haben unseren Gott abgelehnt."

Dann heißt es weiter:

*„An jenem Tag wird die Wehklage in Jerusalem groß sein wie die Wehklage von Hadad-Rimmon in der Ebene von Megiddo. Und wehklagen wird das Land,*

*Sippe um Sippe für sich, die Sippe des Hauses David für sich ...“*

Wenn man Matthäus und Sacharja parallel liest, wird deutlich, dass bestimmte Dinge geschehen sein müssen, bevor der Herr wiederkommt. Das jüdische Volk muss wieder in Jerusalem und im Land etabliert sein, denn der Herr Jesus kommt erst zurück, wenn diese Voraussetzung gegeben ist. Dann muss es eine übernatürliche Offenbarung Jesu geben, die ihm die Herzen der Menschen zuwendet.

Was denken Sie, dass Satan, der Gott dieses Zeitalters, am meisten fürchtet? Worüber ist er am meisten erbost? Meiner Meinung nach ist dies die Wiederkunft Jesu. Denn bis zur Wiederkunft Jesu verliert er vielleicht etliche Schlachten, aber nicht den Krieg. Vielleicht verliert er viele Seelen, aber er bleibt der Gott dieses Zeitalters. Das wird sich erst dann ändern, wenn Jesus persönlich wiederkommt. Was fürchtet der Teufel deshalb am allermeisten? Die Wiederkunft Jesu. Wogegen wehrt er sich am heftigsten? Gegen ein Szenario, das der Wiederkunft Jesu den Weg bereiten wird: Das jüdische Volk muss in seiner Stadt Jerusalem sein und es muss das Land besitzen, bevor Jesus wiederkommt. Das steckt wirklich hinter all dem Aufruhr und dem Hin und Her und dem Getue: Satan tut, was er kann, um ein Szenario zu verhindern, das die Wiederkunft des Herrn ermöglicht. Und genau an diesem Punkt spielen alle Nationen mit, denn der Herr wird alle Nationen sammeln und er wird sie auf der Grundlage dessen richten, wie sie auf seinen Anspruch auf das Land Israel reagiert haben. Ist das nicht erstaunlich? Aber es ist auch erschreckend!

Ich möchte Sie an dieser Stelle dazu ermutigen, für Ihre Nation und die Europäische Union zu beten, dass sie sich nicht auf die falsche Seite stellt, dass sie sich nicht gegen den Anspruch des Herrn auf dieses Land stellt und dass sie sich den Absichten Gottes für Israel nicht widersetzt; denn es kann sich, wie gesagt, keine Nation und keine Regierung, gleichgültig wie mächtig oder wohlhabend sie auch sein mag, gegen Gottes Absichten stellen und weiterhin gedeihen.

Indem Sie dafür beten, dass dieses Szenario, das der Wiederkunft Jesu den Weg bahnen wird, entsteht und Ihre Nation sich in den Plan Gottes einfügt, bringen Sie Segen über Israel, aber auch über Ihr eigenes Land.

# Die Rückführung Israels

# Hintergrund

Die beiden Daten, die ich für die wichtigsten in diesem Jahrhundert halte, sind der Mai 1948, als Israel nach neunzehn Jahrhunderten der Diaspora als Staat wiedergeboren wurde und Juni 1967, als die Juden zum ersten Mal in neunzehn Jahrhunderten die Regierungsgewalt über die Stadt Jerusalem wiedererlangten.

Beim ersten Ereignis war ich dabei. Im Mai 1948 wohnte ich mit meiner ersten Frau und unseren adoptierten Töchtern in Jerusalem. Zu dieser Zeit waren wir schon einige Wochen als Flüchtlinge durch die Straßen Jerusalems gezogen und wohnten nun in einem Gebäude, das im heutigen Jerusalem wirklich heraussticht. Wer schon einmal in Jerusalem war, kennt sicherlich die King George Avenue. An der Kreuzung von King George Avenue und Agron Street steht ein großes Gebäude, das heute ein Zentrum des konservativen Judentums ist. Dort wohnten wir. Damals war es ein Missionsgebäude der Assemblies of God. Dort waren wir, als der Staat Israel geboren wurde.

Bis zu jener Zeit hieß das Land Palästina und stand einige Jahre lang unter britischer Verwaltung. Am Abend des 13.

Mai, gegen neun Uhr, klopfte es an unserer Tür, und als ich diese öffnete, sagte ein britischer Offizier zu mir: „Ich wollte Ihnen nur sagen, dass wir heute Nacht abziehen. Morgen werden Sie von den Juden regiert werden." Wir wussten nicht, was das bedeuten würde, doch genau das geschah am folgenden Tag: Die Juden bekamen die Regierungsgewalt über diesen Teil Jerusalems. Die Nation wurde somit an einem Tag geboren, wie es auch in Jesaja, Kapitel 66, Vers 8 steht:

> *„Wer hat so etwas je gehört, wer hat dergleichen je gesehen? Wird ein Land an einem einzigen Tag zur Welt gebracht ...?"*

Israel wurde an einem einzigen Tag geboren. Eine eigenständige Nation mit Regierung, Land- und Seestreitkräften und Polizei. Alles war noch im embryonalen Zustand, aber alles, was ein Staat braucht, wurde an einem Tag geboren. Und Jesaja sagt: „Wer hat so etwas je gehört, wer hat dergleichen je gesehen?" Ich glaube nicht, dass es in der Geschichte der Menschheit so etwas schon einmal gegeben hat.

Ich lebte dort noch ziemlich lange mit meiner Familie und wurde Zeuge eines der – meiner Meinung nach – größten Wunder unseres Jahrhunderts. In den darauffolgenden Wochen haben 650.000 Juden mit kärglichen Mitteln und mit einem äußerst geringen militärischen Potential die weitaus besser bewaffneten Armeen der insgesamt 14 Millionen Menschen zählenden arabischen Staaten besiegt und zurückgedrängt. Ich war dabei; ich habe es gesehen.

Meiner Meinung nach gibt es dafür wirklich keine natürliche Erklärung. Vielmehr hat Gott eingegriffen, um sein Wort zu erfüllen. Wenn Sie verstehen wollen, was in Israel und im Nahen Osten geschieht, gibt es nur eine einzige zuverlässige Informationsquelle: nicht die Medien, da diese oft sehr unzuverlässig sind, sondern vielmehr die Bibel, das Wort Gottes. Die Bibel ist viel aktueller als die Zeitungen, denn die Zeitungen sagen einem nur, was gestern geschah; die Bibel hingegen sagt voraus, was in den kommenden Tagen geschehen wird. Für den Rest dieser Botschaft werde ich mich nun der Bibel zuwenden und versuchen, Ihnen einen leicht verständlichen Abriss der Situation im Nahen Osten und der kommenden Entwicklungen zu geben.

Jemand sagte einmal: „Wenn man nach vorne schaut, ist es düster, doch wenn man nach oben schaut, ist es hell." Ich denke, das gilt ganz besonders für den Nahen Osten.

Ich werde dieses Thema nicht vom politischen Standpunkt her betrachten, da ich kein Politik- und Militärexperte bin. Vielmehr werde ich es aus dem Blickwinkel Gottes und seines Wortes beleuchten.

Wir wollen zunächst Psalm 24,1 betrachten:

*„Des Herrn ist die Erde und ihre Fülle ..."*

Das müssen wir wissen. Wem gehört die Erde? Gott. Durch das souveräne Recht der Schöpfung gehört sie ihm, und er hat das uneingeschränkte Recht, mit irgendeinem oder allen Teilen dieser Erde zu tun, was er will. Und niemand hat das Recht, Gott wegen der Dinge, die er tut, zur Rechenschaft zu ziehen.

Gott hat einen Plan. In 5. Mose 32,8f legt Mose ihn dar. Das ist eine Schlüsselstelle zum Verständnis dessen, was heute in der Welt geschieht, und geht weit über die Ereignisse im Nahen Osten hinaus. Doch der Nahe Osten ist das Zentrum. Das ist wichtig zu wissen. Jeder von uns neigt dazu, den Ort, an dem wir leben, als den Mittelpunkt zu betrachten, weil er für uns den Mittelpunkt darstellt. Doch biblisch und geographisch betrachtet, ist der Nahe Osten der Mittelpunkt. Israel liegt am Schnittpunkt dreier Kontinente: Afrika, Asien und Europa. Das ist kein Zufall. Gott hat es so eingerichtet. Und jedes wichtige Ereignis im Rahmen des Erlösungsplans Gottes hat sich immer am selben Ort zugetragen – in diesem kleinen Streifen Land, ja eigentlich innerhalb eines Radius von etwa 15 Kilometern rund um die Stadt Jerusalem.

Ich möchte auf etwas hinweisen: Als Israel dort als Staat wiederhergestellt wurde, war es so, als ob Gott den Vorhang hochgezogen hätte für den letzten Akt des Dramas, das genau an der Stelle spielen wird, wo all die anderen wichtigen Akte zuvor auch gespielt haben.

In 5. Mose 32, Vers 8 und 9 sagt Mose:

*„Als der Höchste den Nationen das Erbe austeilte, als er die Menschenkinder [voneinander] schied, da*

*legte er fest die Grenzen der Völker nach der Zahl der Söhne Israel."*

Mit anderen Worten: Als Gott den Nationen ihre Gebiete zuteilte, fing er bei Israel an. Von dort ging er aus. Dann heißt es:

*„Denn der Anteil des Herrn ist sein Volk, Jakob das Maß seines Erbteils."*

Es gibt also einen bestimmten Teil der Erde, der in ganz besonderer Hinsicht Gottes Erbteil ist, nämlich das Gebiet, das Jakob bzw. Israel zugeteilt wurde.

In Apostelgeschichte 17, Vers 26 spricht Paulus zu den Athenern und macht dabei eine sehr wichtige Aussage, die ich aus einer Übersetzung lesen werde, in der diese Wahrheit klar herauskommt:

*„Und er* [Gott] *hat aus Einem* [Menschen {Adam}] *jede Nation der Menschen gemacht, dass sie auf dem ganzen Erdboden wohnen, indem er festgesetzte Zeiten und die Grenzen ihrer Wohnung bestimmt hat."*

Mit anderen Worten: Gott hat einen Platz für jede Nation. Und er hat eine Zeit, zu der jede Nation an ihrem Platz sein wird. Wenn Sie die Ereignisse dieses Jahrhunderts betrachten, dann sticht eines heraus: Gottes Zeit ist gekommen, in der er das jüdische Volk in das Land zurückführt, das er ihm in einem ewigen Bund verheißen hatte. Sie wollten eigentlich gar nicht zurückkehren. Ich behaupte nicht, die Geschichte voll und ganz zu verstehen, aber ich glaube, Gott hat den Holocaust benutzt, um die Juden, die jahrhundertelang in Europa gelebt hatten, zu entwurzeln und sie wieder in ihr eigenes Land zurückzuschicken. Die Zeit war gekommen, dass sie wieder an diesen Platz zurückkehren sollten. Gott ist sehr gnädig; er ist wunderbar und barmherzig, aber er ist auch schonungslos. Wenn er sagt, er werde etwas Bestimmtes tun, dann kann man hundertprozentig sicher sein, dass er es tun wird – das gilt für uns alle, nicht nur für das jüdische Volk. Was immer Gott gesagt hat, dass er tun wird, wird er tun.

# Die Bedeutung der Rückführung Israels

Für den Rest dieses Buches möchte ich mich darauf konzentrieren, wie bedeutsam es ist, dass das jüdische Volk wieder in sein eigenes Land heimgeführt wird.

Sie haben vielleicht gehört, dass einige Kommentatoren das Buch Jesaja in zwei Teile aufgliedern – Jesaja Teil 1 und Jesaja Teil 2. Ja, manche gehen sogar so weit, auch noch von einem dritten Teil zu sprechen. Die Theorie dahinter besagt, dass ab Jesaja 40 ein zweiter Prophet sprechen würde. Das wird unter anderem auch deshalb behauptet, weil jener offensichtlich bestimmte Dinge voraussagte, die sich zur Zeit des historischen Jesaja nicht erfüllt haben. Ich glaube, dass Gott weiß, was in Zukunft geschehen wird und dass er das durch seine Propheten auf übernatürliche Weise offenbaren kann. Damit habe ich keine Probleme. Doch jene Bibellehrer, die nicht an die übernatürliche Kraft Gottes glauben, haben Probleme damit. Die Theorie sagt also, alles ab Jesaja 40 sei von einem späteren Propheten geschrieben worden, der tatsächlich wusste, was geschehen war und nun so tat, als ob er etwas vorhersagen würde. Doch ich denke, damit degradiert man das Wort.

Der springende Punkt ist jedoch, dass diese Prophetie in Jesaja 11 steht. Und niemand ist je auf die Idee gekommen, Jesaja 11 könnte von einem späteren Propheten geschrieben worden sein. Und doch schaut Jesaja in diesem Kapitel tatsächlich nach vorne auf eine erste Zerstreuung und eine erste Sammlung Israels und dann auf eine zweite Zerstreuung und eine zweite Sammlung.

Die erste Zerstreuung ereignete sich, als Babylon Jerusalem einnahm und die Juden ins Exil führte. Die zweite Zerstreuung fand im Jahre 70 statt, als die Römer Jerusalem einnahmen und die Juden in alle Nationen zerstreut wurden. Bis zu diesem Jahrhundert lebten sie in dieser Diaspora. Doch Jesaja sagt hier eine zweite Sammlung voraus, die in unserer Zeit erfüllt wurde. Ich lebe schon lange genug, um selbst Augenzeuge dieser Entwicklung zu sein. Hier nun die besagten Verse:

> *„Und an jenem Tag wird es geschehen, da wird der Herr noch einmal seine Hand erheben, um den Überrest seines Volkes, der übrigbleibt, loszukaufen aus Assur und Ägypten, aus Patros und Kusch, aus Elam, Schinar und Hamat und von den Inseln des Meeres."*

Beachten Sie: Gott wird **noch einmal** seine Hand erheben. Das bezieht sich nicht auf die Sammlung aus der babylonischen Gefangenschaft, sondern auf eine zweite

Rückkehr. Außerdem wurden die Juden während des ersten Exils in viele der Orte, die hier erwähnt werden, nicht zerstreut.

Dann heißt es: *„Und er wird den Nationen ein Banner aufrichten ...“* Wenn es heißt *Nationen*, sind damit die Nichtjuden gemeint, es sei denn, es gibt anders lautende Aussagen. Der Begriff bezieht sich auf alle Nationen außer Israel.

> *„Und er wird den Nationen ein Banner aufrichten und die Vertriebenen Israels zusammenbringen, und die Verstreuten Judas wird er sammeln von den vier Enden der Erde.“*

Beachten Sie, dass es sich hier um eine weltweite Sammlung handelt. Sie wird nicht erfüllt durch die Rückkehr nach dem babylonischen Exil, denn es heißt ja, er werde sie *„von den vier Enden der Erde“* sammeln. Alle verstreuten Juden werden nach Hause gebracht werden.

Vom Wort *Juda* leitet sich unser Wort *Jude* ab. Viele Menschen erkennen das nicht. Das hebräische Wort für *Juda* heißt *Jehuda* und das hebräische Wort für *Jude* heißt *Jehudi*. Immer, wenn also von den Übriggebliebenen Judas die Rede ist, bezieht sich das auf den Rest des jüdischen Volkes. Hier heißt es, Gott werde den Rest des jüdischen Volkes sammeln von den vier Enden der Erde.

Meine zweite Frau Ruth und ich haben einmal kurz an der Hebrew University in Jerusalem studiert. In unserem

Kurs waren Juden, die aus dreißig verschiedenen Nationen zurückgekehrt waren. Und in den vergangenen fünfzig Jahren sind Juden aus mindestens hundert Nationen ins Land Israel zurückgekehrt, also aus allen Teilen der Erde. Demnach hat sich diese Bibelstelle in unseren Tagen haargenau erfüllt. Wir haben es miterlebt.

In Vers 13 heißt es:

> *„Dann wird die Eifersucht Ephraims weichen, und die Bedränger Judas werden ausgerottet werden. Ephraim wird auf Juda nicht eifersüchtig sein, und Juda wird Ephraim nicht bedrängen.“*

Sie dürfen nicht vergessen, dass Israel in den Tagen Jesajas in zwei rivalisierende Königreiche aufgespalten war: im Norden das Königreich Ephraim, im Süden das Königreich Juda. Sie gingen getrennt in die Gefangenschaft. Ephraim wurde von Syrien und Juda von Babylon gefangengenommen. Ihnen wurde auch ein unterschiedliches Schicksal zuteil. Sie gingen als zwei getrennte Königreiche in die Gefangenschaft. Gott sagt jedoch hier, wenn sie wieder zurückkehren, werden sie nicht länger Rivalen, sondern wieder ein Königreich sein.

Eines ist sehr interessant: Im Jahr 1948, als der Staat geboren wurde, ging alles so schnell, dass vieles nicht geplant war. Ein wichtiger Punkt, der nicht geplant war, war der Name des neuen Staates. Es gab viele verschiedene Vorschläge und beinahe hätte man sich für *Judäa* entschieden. Gott hat jedoch eingegriffen und es kam der Name *Israel* dabei heraus. Hätte man sich für den Namen *Judäa* entschieden, hätte die Trennung in zwei Reiche für immer weiter bestanden. Hieran kann man erkennen, wie absolut genau das Wort Gottes ist, wenn wir in der Lage sind, es in der rechten Weise anzuwenden.

> *„Und sie werden nach Westen auf die Berglehne der Philister fliegen. Miteinander werden sie die Söhne des Ostens ausplündern. Von Edom und Moab werden sie Besitz ergreifen, und die Söhne Ammons werden ihnen hörig sein."* (Jes 11,14; z.T. Menge)

Ich will absolut objektiv und exakt sein und habe keine politischen Motive, wenn ich sage: Das Wort *Palästinenser* leitet sich vom Wort *Philister* ab – *Palästina* bedeutet *Land der Philister*. Gleichgültig, wie man dazu steht: Es besteht kein Zweifel, dass sich dieses Bibelwort erfüllt hat. Denn sie sind „nach Westen auf die Berglehne" der Palästinenser geflogen, also nach Gaza und Ägypten. Vielleicht sind Sie nicht einer Meinung mit dem, was Gott tut und sagt, doch es ist eine Tatsache, dass es genau so geschehen ist, wie Gott es gesagt hatte.

Viele reden über die Westbank (das Westufer des Jordan). Jemand sagte einmal, der Jordan sei ein eigenartiger Fluss, weil er nur ein Ufer habe, nämlich das Westufer. Man hört nie etwas vom Ostufer. Doch hier ist vom Ostufer die Rede. Es ist keine Rede davon, dass Israel die Westbank aufgeben wird; vielmehr finden wir einen Hinweis dafür, dass es auch über das Ostufer die Kontrolle übernehmen wird. Das ist heute schwer vorstellbar, doch es steht hier sehr deutlich: *„Von Edom und Moab werden sie Besitz ergreifen, und die Söhne Ammons werden ihnen hörig sein."* Edom, Moab und Ammon sind Teile einer einzigen Nation, deren heutiger Name Jordanien ist.

Dies entspringt nicht meinen eigenen Vorstellungen, sondern steht so in der Bibel. Ich bin nicht verantwortlich dafür, dass es geschieht; ich weise nur darauf hin, dass wir genau auf die Worte der Bibel achten sollten, da diese verlässlich sind.

Bisher haben wir nur darüber gesprochen, wie sich die Voraussagen bewahrheitet haben. Um zu bewerten, welche Bedeutung sie haben, gehen wir zu einer Aussage aus Jesaja 11,12 zurück, wo von der Sammlung des jüdischen Volkes die Rede ist. Es heißt dort: *„Und er wird den Nationen ein Banner aufrichten ..."* Mit *Nationen* sind, wie gesagt, die nichtjüdischen Nationen gemeint. Die Sammlung Israels ist also das Banner des Herrn, das für die Nationen aufgerichtet wird.

Was ist ein Banner oder Feldzeichen? Zunächst einmal wird ein Banner aufgerichtet, um Aufmerksamkeit zu erregen und normalerweise steht auch eine kurze Botschaft darauf. Das versammelte Israel ist also Gottes Banner, das zunächst aufgerichtet wurde, um Aufmerksamkeit zu erregen. Das ist auf jeden Fall gelungen.

Ich weiß nicht, ob Sie schon einmal darüber nachgedacht haben, aber es ist doch bemerkenswert, dass in den Nachrichten ständig über dieses kleine Stückchen Land am Ostrand des Mittelmeers, in dem weniger als sechs Millionen Menschen wohnen, berichtet wird. Man kann im Laufe einer Woche kaum einmal die Zeitung aufschlagen, ohne auf irgendeine Schlagzeile über Israel zu stoßen. Dies ist nicht immer sonderlich schmeichelhaft, aber es ist so. Warum? Weil das gesammelte Israel Gottes Banner ist. Die ganze Welt schaut auf dieses Banner. Gott wollte es dort haben. Sogar die Medien, die in bestimmten Punkten extrem negativ eingestellt sind, erfüllen die Absicht Gottes. Denn Gott möchte, dass sich die Aufmerksamkeit der ganzen Erde auf dieses Land richtet. Es ist doch erstaunlich, wenn man darüber nachdenkt, wie klein dieses Gebiet ist; und in vielerlei Hinsicht ist es auch nicht besonders bedeutsam, weder in wirtschaftlicher oder politischer Hinsicht, noch wegen seiner Bodenschätze. Warum blickt alle Welt darauf? Weil es Gottes Banner ist, das er aufgerichtet hat.

Wie lautet die Botschaft auf dem Banner? Was sagt Gott den Nationen durch das wieder versammelte Israel? Ich habe mich viele Jahre damit beschäftigt, habe darüber nachgedacht und darüber gebetet und sehe die folgenden vier Botschaften auf diesem Banner:

1. Die Bibel ist ein wahres, relevantes und aktuelles Buch.

2. Gott hält seinen Bund.

3. Gottes Ratschluss steht fest. Wenn Gott etwas geplant hat, wird es geschehen.

4. Die Bühne ist bereit für das Ende dieser Zeit.

Wenn auf dem Banner wirklich diese Botschaften stehen, dann sind sie sehr wichtig. Gott möchte, dass jede Nation diese Tatsachen kennt, denn die Nationen werden auf der Grundlage des Wortes Gottes gerichtet werden. Gott gibt somit allen Nationen Beweise in Hülle und Fülle, dass sein Wort wahr und verlässlich ist. Ob sie es glauben oder nicht, ist ihr Problem. Doch der Beweis ist für jedermann sichtbar.

# Voraussagen über die Rückführung Israels im Propheten Jeremia

Ich könnte Ihnen mindestens fünfzig verschiedene Stellen aus den hebräischen Propheten nennen, die klar und eindeutig die Sammlung Israels voraussagen. Ich werde mich jedoch auf drei konkrete Stellen beschränken.

Zunächst Jeremia, Kapitel 30, Vers 1 bis 7:

*„Das Wort, das von dem Herrn zu Jeremia geschah: So spricht der Herr, der Gott Israels: Schreibe dir alle Worte, die ich zu dir geredet habe, in ein Buch!* [Mit anderen Worten: Schreib sie für alle Zeiten nieder, denn zukünftige Generationen werden sie brauchen. Hier nun das, was für alle Zeiten aufgezeichnet wurde:] *Denn siehe, Tage kommen, spricht der Herr, da wende ich das Geschick meines Volkes Israel und Juda, spricht der Herr. Und ich bringe sie in das Land zurück, das ich ihren Vätern gegeben habe, damit sie es in Besitz nehmen.“*

Beachten Sie, dass Gott hier die Verantwortung für alles übernimmt, was geschehen wird. Er wird es vollbringen.

Welches Land hat Gott den Vätern von Israel und Juda gegeben? Wir nennen es „Kanaan“ oder „das Heilige Land“. Heute heißt es Israel. Niemand braucht über die Identität dieses Landes in Unkenntnis zu bleiben. Es gibt keine alternative Deutung dieses Wortes. Es ist absolut eindeutig. Es gibt nur zwei Möglichkeiten: Entweder man glaubt es oder man glaubt es nicht. Aber niemand kann daran rütteln.

Einige Leute sagen vielleicht: „Wenn Gott Israel wirklich sammeln würde, dann gäbe es Frieden.“ Das ist nicht richtig. Gott hat ganz konkret das Gegenteil vorausgesagt. Wenn es Frieden geben würde, müssten wir sagen, dass die Bibel unzuverlässig ist:

> *„Und das sind die Worte, die der Herr über Israel und über Juda geredet hat. Denn so spricht der Herr: Eine Stimme des Schreckens haben wir gehört. Da ist Furcht und kein Friede. Fragt doch nach und seht, ob ein Mann gebären kann! Warum sehe ich die Hände eines jeden Mannes auf seinen Lenden, einer Gebärenden gleich, und alle Gesichter in Blässe verwandelt?“* (Jer 30,6)

All das wird so schrecklich werden, dass sich sogar Männer wie Frauen verhalten werden, die ihre Wehen bekommen. Jeremia 30,7: *„Denn groß ist der Tag, keiner ist ihm gleich ...* [dies wird eine in der Geschichte einmalige Zeitphase sein] ... *Eine Notzeit ist es für Jakob; doch wird* *er daraus gerettet.*" Also wird die Rückkehr des jüdischen Volks in sein Land nicht augenblicklich Frieden bringen. Ganz im Gegenteil: Die Dinge werden sich so entwickeln, dass es schlimmer sein wird, als es in der jüdischen Geschichte je gewesen ist. Und das heißt sehr viel. Doch die Verheißung lautet: „Israel wird daraus gerettet werden"; es heißt nicht: „Israel wird davor bewahrt werden."

Gott hat seine Ziele in seinem Umgang mit dem jüdischen Volk. Er weiß, wie er sie an den Punkt bringen kann, an dem sie auf seine Bedingungen eingehen, damit er tun kann, was er verheißen hat.

Gehen wir weiter zu Jeremia 32,37-42. Hier geht es auch wieder um die Sammlung Israels:

> *Seht, ich sammle sie aus allen Ländern, wohin ich sie in meinem Zorn und Grimm und in großem Groll versprengt habe* [Gott hat sie vertrieben und Gott wird sie wieder sammeln]. *Ich bringe sie wieder zurück an diesen Ort* [Jerusalem] *und lasse sie in Sicherheit wohnen. Sie werden mein Volk sein,und ich werde ihr Gott sein. Ich bringe sie dazu, nur eines im Sinn zu haben und nur eines zu erstreben: mich alle Tage zu fürchten, ihnen und ihren Nachkommen zum Heil. Ich schließe mit ihnen einen ewigen Bund* [dieser neue Bund liegt im Blut Jesu], *dass ich mich nicht von ihnen abwenden will, sondern ihnen Gutes erweise. Ich lege ihnen die Furcht vor mir ins Herz,damit sie nicht*

*von mir weichen. Ich werde mich über sie freuen, wenn ich ihnen Gutes erweise. In meiner Treue pflanze ich sie ein in diesem Land, aus ganzem Herzen und aus ganzer Seele. Denn so spricht der Herr: Wie ich über dieses Volk all das große Unheil gebracht habe, so bringe ich über sie all das Gute, das ich ihnen verspreche.*

Gott sagt also: So wie jedes Gericht, das ich durch meine Propheten über ihnen ausgesprochen habe, über sie gekommen ist – und zwar ganz genau so wie ich es gesagt habe –, so wird auch all das Gute, das ich denselben Propheten verheißen habe, über sie kommen. Wenn Sie glauben, dass das Gericht über die Juden gekommen ist, ist es vollkommen logisch zu glauben, dass das Gute ebenso über sie kommen wird. Gott sagt, das eine werde genauso sicher kommen wie das andere.

Heutzutage sind die Zeitungen voll mit allen möglichen Anklagen und Vorwürfen gegen die Juden; und bis zu einem gewissen Maß ist einiges davon auch gerechtfertigt. Doch wenn Sie wirklich das Schlimmste über das jüdische Volk hören wollen, dann lesen Sie nicht die Zeitung, sondern die Propheten, denn niemand hat die Sünden der Juden jemals genauer dargestellt als ihre eigenen Propheten. Doch dieselben Propheten, die jene Sünden dargestellt haben, haben auch die Wiederherstellung des Volkes vorausgesagt. Wenn wir sagen, der Bericht über die Sünden Israels sei korrekt, weshalb sollten wir dann daran zweifeln, dass auch die Vorhersage der Sammlung Israels exakt sein würde. Das ist eine Frage der Logik.

# Voraussagen über die Rückführung Israels im Propheten Hesekiel

Eine weitere Prophezeiung finden wir in Hesekiel 36,22-28. Gott ist bereits auf das Thema der Sammlung des Volkes eingegangen, doch an diesem Punkt sagt er: „Meint nicht, ich würde das tun, weil das jüdische Volk es verdient hätte."

Viele Menschen sagen: „Die Juden verdienen es nicht." Gott stimmt ihnen zu. Er sagt selbst, dass sie es nicht verdienen. Wenn Sie Christ sind, möchte ich Sie fragen: Wurden Sie errettet, weil Sie es verdient hatten? Wenn Sie und ich das bekommen hätten, was uns zustünde, dann wären wir nicht errettet worden! Das Erstaunliche ist, dass wir so klar sehen, dass die Juden Gottes Gnade nicht verdient haben. Die Juden sehen genauso klar, dass die Christen Gottes Gnade nicht verdient haben. Sie könnten Ihnen stundenlang historische Gründe nennen, weshalb Gott nicht gut zu den Christen sein sollte – und zwar wegen all des Schmerzes, den die Christen den Juden zugefügt haben. Doch Gottes

Gnade ist ungebunden. Niemand sagt ihm, was er mit seiner Gnade anfangen soll. Er sagt: „Wenn ich es tue, dann tue ich es." Aber er betont auch mit Nachdruck: „Du hast es nicht verdient."

> *„Darum sage zum Haus Israel: So spricht der Herr: Nicht um euretwillen handle ich, Haus Israel, sondern um meines heiligen Namens willen, den ihr entweiht habt unter den Nationen, zu denen ihr gekommen seid."*

Gott sagt: „Ihr seid eine Schande für mich gewesen. Ich tue es nicht, weil ihr es verdient hättet. Ich tue es, weil ich die Herrlichkeit meines Namens wiederherstellen will, den man mit euch identifiziert."

> *„Und ich werde meinen großen, unter den Nationen entweihten Namen heiligen, den ihr mitten unter ihnen entweiht habt. Und die Nationen werden erkennen, dass ich der Herr bin, spricht der Herr, wenn ich mich vor ihren Augen an euch als heilig erweise."*

Hier finden wir eine Reihe konkreter Verheißungen, die Schritt für Schritt erfüllt werden. Einige von ihnen sind bereits erfüllt, einige werden gerade erfüllt und einige sind noch nicht erfüllt. Vers 24:

> *„Und ich werde euch aus den Nationen holen und euch aus allen Ländern sammeln und euch in euer Land bringen."*

In wessen Land? In ihr Land. Am Anfang des Kapitels steht, dass es ihr Land war, obwohl sie ungehorsam waren. Es war ihr Land, weil Gott es ihnen gegeben hat, auch wenn sie gar nicht dort waren.

Was die Bibel angeht, ist die Frage darüber, wem das Land gehört, keine Streitfrage. Es ist alles geregelt. Es wurde schon vor viertausend Jahren geregelt. Gott sagt: *„Ich werde euch aus den Nationen holen und euch aus allen Ländern sammeln und euch in euer Land bringen."* Dies ist bereits geschehen. Und es ist vor unseren Augen geschehen. Ich selbst war Augenzeuge. Vers 25:

> *„Und ich werde reines Wasser auf euch sprengen, und ihr werdet rein sein; von all euren Unreinheiten und von all euren Götzen werde ich euch reinigen."*

Beachten Sie, dass Gott sie in ihrer Unreinheit und ihrem Schmutz zurückbringt. Er sagt: „Wenn ihr wieder zu Hause seid, werde ich damit beginnen, euch zu reinigen." Dies erfüllt sich allmählich. Gott fängt an, reines Wasser auf die Juden in Israel zu sprengen. Das reine Wasser ist das Wasser seines Wortes. Vers 26:

> *„Und ich werde euch ein neues Herz geben und einen neuen Geist in euer Inneres geben; und ich werde das steinerne Herz aus eurem Fleisch wegnehmen und euch ein fleischernes Herz geben."*

Gott sagt sehr deutlich: „Neunzehn Jahrhunderte lang hattet ihr ein steinernes Herz." Ein steinernes Herz kann nicht auf den Geist Gottes reagieren. Es ist dazu nicht in der Lage. Doch er sagt weiter: „Wenn ich euch zurückgebracht habe, werde ich das steinerne Herz wegnehmen und euch ein fleischernes Herz geben. Und dann werdet ihr wieder auf mich reagieren können."

Ich war 1942 das erste Mal in Jerusalem; ich habe also seit mehreren Jahrzehnten mit Jerusalem zu tun. Ich habe eins beobachtet: Wenn man einen Zeitpunkt festhalten müsste, an dem Gott damit begonnen hat, das steinerne Herz wegzunehmen, wäre das meiner Meinung nach im Juni 1967 gewesen und zwar als Resultat des Sechs-Tage-Kriegs.

In den 40er und 50er Jahren war es bei vielen Juden so, dass sie ausspuckten, wenn man in ihrer Gegenwart den Namen Jesu erwähnte. Sie hatten eine absolute Abscheu vor allem, was mit Jesus zu tun hatte. Ein Großteil der Verantwortung dafür liegt bei den Christen. Sie müssen dies wissen, wenn Sie verstehen wollen, wie die Juden denken. Ihrer Auffassung nach sind die Christen ihre Hauptfeinde. Sie könnten Ihnen einen ganzen Abend lang historische Gründe hierfür nennen. Ich behaupte nicht, dies alles sei absolut korrekt; ich sage nur, dass es so ist. Wenn Sie diese Dinge über die jüdischen Menschen nicht wissen, dann werden Sie in Ihrer Annäherung an sie nicht weit kommen. Sie müssen lernen, welche Grundhaltungen die Juden haben.

Gott sagt, er werde das steinerne Herz wegnehmen. Heute findet eine gewaltige Veränderung statt. Es heißt, dass in den vergangenen 30 Jahren in Israel mehr Bücher über Jesus geschrieben wurden als in irgendeinem anderen Land. Meine zweite Frau Ruth und ich haben oft stundenlang mit Juden über Jesus gesprochen. Und sie wollen noch mehr von ihm hören. Wir sagen ihnen nicht, sie sollen Christen werden. Wir erzählen ihnen einfach nur davon, was Gott durch Jesus für uns getan hat. Und besonders wenn wir von Wundern sprechen, bekommen sie ganz große Augen und hören aufmerksam zu. Paulus hatte gesagt, dass die Juden Zeichen sehen wollen. Daran hat sich nichts geändert. Das gilt auch heute noch. Ich sage nicht, dass sie alle gläubig sind, aber ich sage, dass sich ihre Einstellung in vielen Fällen radikal verändert hat. Wenn ich ein Datum festlegen müsste, würde ich 1967 sagen.

Fahren wir fort mit Vers 27:

*„Und ich werde meinen Geist in euer Inneres geben; und ich werde machen, dass ihr in meinen Ordnungen lebt und meine Rechtsbestimmungen bewahrt und tut.“*

*Mein Geist* ist der Heilige Geist. Ohne den Heiligen Geist kann man Gott nicht gehorchen! Niemand kann das, weder Jude noch Nichtjude. Gott sagt: „Es kommt eine Zeit, in der ich meinen Geist in euch legen werde und **dann** werdet ihr in der Lage sein, mir zu gehorchen.“

Ich wurde mit 15 Jahren in der anglikanischen Kirche konfirmiert. Ich tat alles, worum ich gebeten wurde. Der

Bischof von Oxford legte mir die Hände auf. Ich wollte gut sein. Doch was geschah? Je mehr ich mich bemühte, gut zu sein, um so schlimmer wurde es mit mir. Erst als ich versuchte, gut zu sein, wurde ich schlecht. Wissen Sie warum? Weil ich versuchte, aus eigener Kraft heraus, in meiner eigenen Gerechtigkeit, jedoch ohne die Kraft des Heiligen Geistes gut zu sein. Zehn Jahre später erfüllte Gott mich mit dem Heiligen Geist. Dies änderte die Dinge völlig. Von diesem Zeitpunkt an war es ganz natürlich, gut sein zu wollen. Ich musste nicht mehr gegen etwas in meinem Innersten ankämpfen.

Dasselbe gilt für die Juden. Die orthodoxen Juden versuchen seit 1900 Jahren, Gott zu gehorchen – jedoch ohne den Heiligen Geist. Es funktioniert nicht. Niemand kann es schaffen. Doch wenn Gott erneut seinen Geist gibt, wird es anders aussehen.

Weiter mit Vers 28:

*„Und ihr werdet in dem Land wohnen, das ich euren Vätern gegeben habe, und ihr werdet mir zum Volk, und ich,* ***ich****, werde euch zum Gott sein.“*

Von welchem Land ist hier die Rede? Israel. Kein anderes Land kommt hier in Betracht. Ich könnte in der Bibel lesen, um Gottes Ethik zu korrigieren. Doch ich lese nicht in der Bibel, um zu überprüfen, ob Gott das Richtige tut. Meiner Meinung nach tut Gott immer das Richtige. Vielleicht habe ich nicht immer das Gefühl, es sei das Richtige, doch ich würde es nicht wagen, Gott in Frage zu stellen.

> *„... Gebt Ehre unserm Gott! ... Vollkommen ist sein Tun; denn alle seine Wege sind recht.“* (5 Mose 32,3-4)

Ich glaube, dass dies stimmt. Gott tut Dinge aus einem völlig anderen Blickwinkel heraus als wir. Deshalb kann das, was er tut, manchmal ungerecht aussehen. Aber das ist es nicht. Wenn sich jeder im Nahen Osten vor dem Herrn Jesus beugen würde, könnten die Probleme innerhalb eines Tages gelöst sein. Wenn sich Juden und Araber beugen und sagen würden: „Herr Jesus, wir erkennen Dich an“, könnten alle Probleme in kürzester Zeit gelöst werden. Nichts anderes kann dies bewerkstelligen.

Gehen wir noch einmal auf Hesekiel 36,28 ein:

> *„Und ihr werdet in dem Land wohnen, das ich euren Vätern gegeben habe und ihr werdet mir zum Volk, und ich,* ***ich*** *werde euch zum Gott sein.“*

Das ist das „Finale“. Alles andere ist eine Vorbereitung auf dieses Ende. Haben Sie Geduld mit Gott. Er arbeitet auf dieses Ziel hin. Er weiß, was er tut. Er ist der einzige, der mit dem jüdischen Volk umgehen kann. Und er arbeitet darauf hin, sie an den Punkt zu bekommen, an dem sie sagen werden: „Du bist unser Gott. Wir sind dein Volk.“ Alles andere ist eine Vorbereitung auf diesen Schluss. Vertrauen Sie Gott, denn er weiß, wie er es machen muss.

Das sind einige Beweise dafür, dass die Bibel ein wahres, relevantes und aktuelles Buch ist. Was in diesen Schriftstellen vor ungefähr 2500 Jahren vorhergesagt wurde, geschieht zu unseren Lebzeiten – und zwar genauso, wie es vorausgesagt wurde. Könnte es irgendeine andere Erklärung dafür geben, als dass die Bibel ein einzigartiges, vom Geist Gottes inspiriertes Buch ist und dass die Propheten Zugang zu einem Wissen hatten, das von niemand anderem kommen konnte, als nur von Gott allein?

# Gott hält seinen Bund

Die nächste Aussage lautet: „Gott hält seinen Bund." Wenn Sie Christ sind, müssen Sie Gott für diese Tatsache sehr dankbar sein, denn wenn Gott seinen Bund nicht halten würde, hätten wir Probleme. Unsere ganze Beziehung zu Gott hängt davon ab, dass er seinen Bund hält. Gott schloss einen Bund mit Abraham und dessen Nachkommen. Von diesem Bund sagte Gott, dass er ihn niemals brechen würde.

In 1. Mose 17,7-8 finden wir die folgenden Worte, die Gott an Abraham richtete:

> *„Und ich werde meinen Bund aufrichten zwischen mir und dir und deinen Nachkommen nach dir durch alle ihre Generationen zu einem ewigen Bund,um dir Gott zu sein und deinen Nachkommen nach dir. Und ich werde dir und deinen Nachkommen nach dir das Land deiner Fremdlingschaft geben, das ganze Land Kanaan, zum ewigen Besitz, und ich werde ihnen Gott sein.*

Wieviel vom Land Kanaan verheißt Gott? Das **ganze** Land. Für wie lange? Zum **ewigen** Besitz, durch einen **ewigen** Bund. Entweder ist diese Aussage verlässlich oder nicht. Wenn nicht, bin ich mir nicht sicher, ob wir dem Bund Gottes mit uns trauen können. Denn über den Bund mit uns findet er auch keine stärkeren Worte als über den Bund mit Abraham.

Für den Fall, dass es irgendwelche Unklarheiten darüber geben sollte, wer die Nachkommen Abrahams sind, lesen wir 1. Mose 35,9-12:

> *„Und Gott erschien dem Jakob noch einmal, als er aus Paddan-Aram kam, und segnete ihn. Und Gott sprach zu ihm: Dein Name ist Jakob. Dein Name soll nicht mehr Jakob heißen, sondern Israel soll dein Name sein! So gab er ihm den Namen Israel. Und Gott sprach zu ihm: Ich bin Gott, der Allmächtige, sei fruchtbar und mehre dich; eine Nation und eine Schar von Nationen soll aus dir entstehen, und Könige sollen aus deinen Lenden hervorkommen! Und das Land, das ich Abraham und Isaak gegeben habe, dir will ich es geben, und deinen Nachkommen nach dir will ich das Land geben.“*

Wem wurde es gegeben? Jakob. Warum ist dies so wichtig? Weil die Muslime behaupten, es wäre Ismael gegeben worden. Die Muslime behaupten, Abraham hätte Ismael geopfert und nicht Isaak. Man muss in dieser Angelegenheit sehr klar differenzieren. Ich möchte niemanden angreifen. Ich zeige nur auf, dass das, was der Koran und der Islam sagen, nicht mit der Bibel übereinstimmt. Man kann nicht beides glauben.

In Psalm 105,7 heißt es:

*„Er ist der Herr, unser Gott! Seine Urteile ergehen auf der ganzen Erde.“*

Mit anderen Worten: Wenn Gott etwas sagt, hat das überall auf der Welt Auswirkungen. Er ist Gott über die ganze Erde. Er hat keine Rivalen. Was er sagt, hat überall Gültigkeit.

In Vers 8 werden mehrere Worte verwendet, die das uneingeschränkte Engagement Gottes beschreiben:

*„Er gedenkt ewig seines Bundes – des Wortes, das er geboten hat auf tausend Geschlechter hin ...“*

Dieser kurze Abschnitt enthält die drei wichtigen Worte *Bund*, *Wort* und *Gebot*. Vers 9:

*„... den er gemacht hat mit Abraham, und seines Eides an Isaak.“*

Hier lautet das entscheidende Wort *Eid*.

Der Autor des Hebräerbriefs sagt uns, weshalb Gott Eide ablegt. Sein Wort würde genügen, doch manchmal bekräftigt er es durch seinen Eid. Der Autor des Hebräerbriefs sagt:

*„... damit wir durch zwei unveränderliche Dinge, bei denen Gott doch unmöglich lügen kann, einen starken Trost hätten.“* (Hebr 6,18)

Wenn Gott zuerst sein Wort gibt und dann auch noch seinen Eid ablegt, dann sind dies zwei unveränderliche Dinge, in denen Gott unmöglich lügen kann. Wir haben sein Wort **und** seinen Eid. Weiter mit Psalm 105, Vers 10:

*„Er richtete ihn auf für Jakob zur Ordnung, Israel zum ewigen Bund …“*

*Ordnung* ist ein weiteres wichtiges Wort.

Ich möchte diese Worte kurz aufzählen: Zu allererst ist es ein *Bund*. Zweitens ist es Gottes *Wort*. Drittens ist es sein *Gebot*. Dann wird es noch einmal als *Bund* bezeichnet. Im weiteren haben wir seinen *Eid* und schließlich seine *Ordnung* und einen *ewigen Bund*. Ich bezweifle, dass es in der Bibel irgendeine andere Stelle gibt, in der so viele kraftvolle Worte verwendet werden, um Gottes uneingeschränktes Engagement zu beschreiben.

Aber was ist das Ziel dieses immensen Engagements Gottes? Für mich ist das erstaunlich. Es dreht sich alles um ein kleines Stück Land am östlichen Ende des Mittelmeers (Vers 11):

*„… indem er sprach: Dir will ich das Land Kanaan geben als euch zugemessenes Erbe.“*

Das ist verblüffend. Immer wieder muss ich darüber staunen, dass der allmächtige Gott, dem das Weltall, die ganze Erde und alle Nationen gehören, einen derart außergewöhnlichen Aufwand treibt, um sich zu verpflichten, das Schicksal eines kleinen Stücks Land am Ostrand des Mittelmeers in die Hand zu nehmen. Angesichts dessen, was heute geschieht, erkennen wir, dass Gott all das mit Nachdruck sagen musste.

Die Sammlung Israels ist also ein Beweis dafür, dass Gott seinen Bund hält. Vor 4000 Jahren schloss er einen Bund mit Abraham. Viele Menschen haben das vergessen. Viele Nachkommen Abrahams, viele Geschichts-wissenschaftler und Christen haben das vergessen. Doch eine Person hat es nicht vergessen. Wer? Gott. Es ist erstaunlich, zu erkennen, dass das, was heute in der Welt geschieht, die Auswirkungen eines Bundes sind, den Gott vor 4000 Jahren mit einem Menschen geschlossen hat. Man sieht die Historie ganz anders, wenn man sie aus diesem Blickwinkel betrachtet.

Das dritte, was meiner Meinung nach die Sammlung Israels den Nationen sagen möchte, ist: „Gottes Ratschluss steht fest. Seine Pläne werden ausgeführt werden.“

Betrachten wir hierzu Psalm 33,8-12:

*„Es fürchte den Herrn die ganze Erde; mögen sich vor ihm scheuen alle Bewohner der Welt! Denn er sprach, und es geschah; er gebot, und es stand da.“*

Warum sollen wir dem Herrn Ehrerbietung bringen? Wenn er etwas sagt, dann geschieht es auch. Sein Wort steht fest. Es ist absolut verlässlich. Dann heißt es im selben Textzusammenhang (Vers 10):

*„Der Herr macht zunichte den Ratschluss der Nationen, er vereitelt die Gedanken der Völker.“*

Gott lässt sich nicht durch die Pläne, Ratschlüsse oder Entscheidungen irgendeiner Nation beeindrucken, wenn sie seinem Willen entgegenstehen. Die Zukunft des Nahen Ostens wird nicht von den Vereinten Nationen geregelt werden.

Weiter mit Vers 11 und 12:

*„Der Ratschluss des Herrn hat ewig Bestand, die Gedanken seines Herzens von Geschlecht zu Geschlecht. Glücklich die Nation, deren Gott der Herr ist,das Volk, das er sich erwählt hat zum Erbteil!“*

Hier ist von zwei verschiedenen Arten von Nationen die Rede: Das Volk, das er sich erwählt hat, ist Israel. Sie haben nicht ihn erwählt, er hat sie erwählt. Sie können diese Tatsache nicht ändern, auch wenn viele es wollten. Ich habe schon viele Juden sagen hören: „Wenn Gott uns nur nicht erwählt hätte! Wir haben nur Probleme damit.“ Ich meine nicht, dass dies stimmt, aber das ist ihre Einstellung. Dann heißt es: *„Glücklich (wörtl. a. d. Engl.: gesegnet) die Nation, deren Gott der Herr ist.“* Ich denke, dies gilt für jede nichtjüdische Nation. Jede Nation kann den Herrn zu ihrem Gott machen. Und jede Nation, die das tut, ist gesegnet. Diese Entscheidung liegt bei den Nationen. Dass Gott Israel erwählt hat, liegt bei ihm. Jede andere Nation hat die Wahl. Entweder macht sie den Herrn zu ihrem Gott oder sie weigert sich. Das wird über ihr Schicksal entscheiden. Doch der Ratschluss des Herrn wird fest stehen.

Nun kommen wir schließlich zur vierten Aussage auf dem Banner: „Gott hat die Bühne für das Ende dieser Zeit vorbereitet." Die Bibel macht eins ganz klar: Dieses Zeitalter geht dem Ende zu. Ich persönlich bin froh darüber, denn ich möchte nicht, dass es für immer und ewig so weitergeht, wie es jetzt ist.

Fast alle Prophetien, die das Ende dieses Zeitalters beschreiben, – und es gibt hunderte davon – gehen davon aus, dass Israel als Nation in seinem eigenen Land wohnt. Bis 1948 hätte sich keine dieser Prophetien erfüllen können. 1948 wurde das Szenario für die Erfüllung all dieser Prophetien vorbereitet. Deshalb ist das ein ungemein wichtiges Ereignis.

Betrachten wir Lukas 21,24. Es handelt sich hier um einen Ausschnitt aus einer prophetischen Erörterung, in der Jesus beschreibt, wie dieses Zeitalter enden wird. In Vers 24 sagt er die Zerstörung Jerusalems durch die römischen Armeen voraus. Und er sagt, was zu jener Zeit mit dem jüdischen Volk geschehen wird:

> *„Und sie werden fallen durch die Schärfe des Schwertes und gefangen weggeführt werden unter alle Nationen ..."*

Dies ist im Jahre 70 haargenau erfüllt worden. Zirka zwei Millionen Juden wurden getötet und etwa eine Million Juden wurde auf den Sklavenmärkten des Altertums verkauft. In der Mitte dieses Verses liegt eine Kluft von ungefähr 1900 Jahren. Und dann heißt es:

> „... *Und Jerusalem wird zertreten werden von den Nationen, bis die Zeiten der Nationen erfüllt sein werden.*"

Jerusalem wird also von nichtjüdischen Nationen zertreten werden, was nie die Absicht Gottes war. Es war stets die Absicht Gottes, dass Jerusalem die Hauptstadt des jüdischen Staates sein solle. In der Zeitspanne vom römischen Reich bis zur heutigen Zeit haben mindestens 10 nichtjüdische Nationen Jerusalem zertreten. Und solange Jerusalem unter der Kontrolle nichtjüdischer Nationen war, litt es Qualen.

Anfang des 19. Jahrhunderts, nach fast 400 Jahren türkischer Herrschaft, erreichte es vermutlich seinen absoluten Tiefpunkt. Im Grunde war Jerusalem nur noch ein dunkles Loch, eine mit Flöhen verseuchte, staubige, halb verfallene Ruine. Doch jedesmal, wenn Jerusalem unter die Kontrolle der Juden kam, hat es zu Blühen begonnen. Die Juden betrachten es als ihre Verantwortung, sich um Jerusalem zu kümmern. Das ist tief in ihrem Innersten verankert.

Vor einigen Jahren gab es in den Vereinigten Staaten einen baptistischen Prediger, der etwas ziemlich Unweises sagte. Er sagte: „Gott erhört keine Gebete von Juden." Die jüdische Gemeinde in den USA ging auf ihn los; es gab eine hitzige Diskussion und er gab dann zu, dass Gott vielleicht doch die Gebete einiger Juden erhört. Am Ende hatten sie dann eine recht gute Beziehung.

Zu jener Zeit leiteten Ruth und ich eine Reisegruppe nach Israel. Ein Freund von uns, der ein Rabbiner in Jerusalem ist und auf sieben Generationen zurückblicken kann, die in Jerusalem geboren wurden, hielt vor unserer Reisegruppe einen Vortrag. Immer wenn wir eine Reisegruppe mitbrachten, erzählte er ihr von der jüdischen Perspektive. Er sagte: „Sie dürfen nicht vergessen, dass seit der Zerstreuung der Juden im Jahre 70 jeder orthodoxe Jude jeden Tag dafür gebetet hat, dass Jerusalem wiederhergestellt werden möge. Was Sie hier heute sehen, ist ein Beweis dafür, dass Gott die Gebete von Juden erhört." Nur wenige Nichtjuden haben so intensiv für die Wiederherstellung Jerusalems gebetet. Sie liegt uns nicht in derselben Weise am Herzen. Das ist eine Verantwortung der Juden.

Jesus sagte: *„Jerusalem wird zertreten werden von den Nationen ...*" Der zweite Teil des Satzes ist entscheidend: *„... bis die Zeiten der Nationen erfüllt sein werden."* Ich glaube nicht, dass die Zeit der Nationen schon völlig erfüllt ist, denn der heiligste Platz in Jerusalem, der Tempelberg, ist immer noch in der Hand muslimischer Araber, die keinem Juden gestatten, diesen Ort zu betreten. Doch zum ersten Mal seit neun-zehnhundert Jahren ist Jerusalem in der Regierungsgewalt der Juden. Dies ist einem weiteren militärischen Wunder zu verdanken. Meiner Meinung nach war dieses Wunder genauso groß wie das im Jahre 1948.

Ich möchte nicht sagen, das sei das Ende der Zeit der Nationen; ich denke, man könnte sagen, Gottes Minutenzeiger ist vielleicht noch zwei Minuten von Mitternacht entfernt. Etwas Zeit bleibt also noch.

Betrachten wir die Verse 25 bis 27, um zu sehen, was als nächstes auf dem Zeitplan steht:

> *„Und es werden Zeichen sein an Sonne und Mond und Sternen und auf der Erde Bedrängnis der Nationen in Ratlosigkeit bei brausendem Meer und Wasserwogen, während die Menschen verschmachten vor Furcht und Erwartung der Dinge, die über den Erdkreis kommen, denn die Kräfte der Himmel werden erschüttert werden. Und* ***dann*** *werden sie den Sohn des Menschen kommen sehen in einer Wolke mit Macht und großer Herrlichkeit."*

Beachten Sie, dass das nächste Ereignis im Zeitplan nach der Befreiung Jerusalems von nichtjüdischer Unterdrückung die Wiederkunft Jesu ist. Deswegen sage ich auch, dass es nur noch ungefähr zwei Minuten vor Zwölf ist.

# Eine persönliche Reaktion

Zum Abschluss möchte ich mich mit einer praktischen Frage befassen. Wenn das, was ich gesagt habe, stimmt, und Sie ein bibelgläubiger Christ sind und das glauben, was ich gesagt habe, weil es ja alles direkt und ausnahmslos aus der Bibel stammt, wie können Sie dann darauf reagieren? Ich denke, Gott macht sehr deutlich, was er will. Lesen wir hierzu Jeremia 31,7-8:

> *„Denn so spricht der Herr: Jubelt über Jakob mit Freuden und jauchzt unter dem Haupt der Nationen! Verkündet, lobsingt und sprecht: ‚Rette dein Volk, Herr, den Überrest Israels!' Siehe, ich bringe sie herbei aus dem Land des Nordens* [das sind Russland und Deutschland] *und sammle sie von dem äußersten Ende der Erde, unter ihnen Blinde und Lahme, Schwangere und Gebärende, sie alle zusammen; als eine große Volksversammlung kehren sie hierher zurück."* (z.T. wörtl. a. d. Engl.)

All das wurde exakt erfüllt – und zwar unmittelbar nach der Wiedergeburt Israels in den Jahren 1949-51.

Ungefähr 700 000 jüdische Einwanderer kehrten zurück; die meisten von ihnen kamen aus den arabischen Nationen oder aus den europäischen Vertriebenenlagern – und die meisten von ihnen waren verzweifelt. Man spricht oft über die etwa 600 000 arabischen Flüchtlinge, darf jedoch nicht vergessen, dass ungefähr 700 000 jüdische Flüchtlinge aus den arabischen Nationen vertrieben wurden, da sie dort unerwünscht waren. Die meisten von ihnen mussten all ihre Habseligkeiten zurücklassen, und viele hatten nur noch die Kleider, die sie am Leib trugen. Israel verfügte nur über geringe finanzielle Mittel und nahm dennoch 700 000 Flüchtlinge auf. Die Araber mit ihren immens hohen Einnahmen aus dem Erdölgeschäft taten nichts für die 600 000 arabischen Flüchtlinge. Doch dies nur am Rande.

Welche Reaktion erwartet Gott laut Vers 7 von uns? *„Denn so spricht der Herr: Jubelt über Jakob mit Freuden und jauchzt unter dem Haupt der Nationen! Verkündet, lobsingt und sprecht: ‚Rette dein Volk, Herr, den Überrest Israels!'"* Gott rettet ihn, aber er sagt zu uns: Bittet mich, dass ich es tue. Wenn Sie zu Gott sagen: „Rette dein Volk", was tun Sie dann? Sie beten. Wenn man diese Verse zusammen betrachtet, findet man drei zentrale Worte, die die Reaktion beschreiben, die Gott von uns haben möchte: Lobpreis, Verkündigung (Proklamation) und Gebet.

Was den Lobpreis betrifft, sagt Gott: „Nicht zu leise! Jubelt, jauchzt und freut euch!" Warum sollen wir uns freuen? Weil Gott sein Wort erfüllt und das jüdische Volk, dem wir als Christen jeden geistlichen Segen verdanken und das 1900 Jahre lang wie keine andere Nation gelitten hat, wieder in Gottes Gunst zurückkehrt. Das ist eine Frohe Botschaft. Wenn Sie Gott dafür nicht danken können, dann schätzen Sie auch Ihr geistliches Erbe nicht.

Ich denke, es ist wichtig, Gott zu gehorchen. Sie können gleich jetzt Gottes Aufforderung nachkommen und für das jüdische Volk sowie die Situation im Nahen Osten beten. Ihr Gebet zählt!

## Verzeichnis bisher erschienener Bücher und Booklets von Derek Prince

**Bücher:**

Allein durch Gnade
Als Salz und Licht leben
Bibelkurs zum Selbststudium
Biblische Prophetie und der Nahe Osten
Bittere Oasen
Braucht Ihre Zunge Heilung?
Danksagung, Lobpreis und Anbetung
Das Geheimnis des Kreuzes
Das Wesen Gottes entdecken
Das Wort Gottes proklamieren
Der Anfang der Weisheit
Der Ehebund im Lichte Gottes
Der Heilige Geist in Ihnen
Die Gaben des Heiligen Geistes
Die Gemeinde I / Einführung/Ämter
Die Gemeinde II / Die wahre und die falsche Gemeinde
Die kommende Erweckung
Die Versprechen Gottes empfangen
Die Waffe des Betens und Fastens
Die Zukunft Israels und der Gemeinde
Du erquickst meine Seele
Ehemänner und Väter
Flüche – Ursache und Überwindung
Fundamente des christlichen Glaubens
Für Gott abgesondert
Für's Leben verändert
Geheimnisse eines Gebetskämpfers
Geistliche Kampfführung für die Endzeit
Gott stiftet Ehen
Gottes Erfolgsstrategie für Ihr Leben
Gottes Heilmittel für Ablehnung
Gottes Verheißung göttlicher Versorgung
Gottes Wort heilt
Grundsteine
Heirat, Scheidung und Wiederheirat
Ihr werdet Kraft empfangen!
In Gottes Gegenwart eintreten
Leben aus Glauben
Luzifer ist entlarvt
Partner fürs Leben
Prophetischer Leitfaden für die Endzeit
Richten – Wann? Warum? Wie?
Schutz vor Verführung
Segen oder Fluch – Sie haben die Wahl
Sehnsucht nach Seiner Wiederkunft
Sie sind Gott enorm wichtig
Sie werden Dämonen austreiben
Sühne – Ihre persönliche Begegnung mit Gott
Tod, wo ist dein Stachel?
Um der Engel willen
Vergäße ich dein, Jerusalem
Warum Gottes Kindern manchmal Schlimmes widerfährt
Wer bin ich? / Entdecken Sie sich im Spiegel Gottes
Zum Überwinden berufen

**Serie „Nachfolge Konkret"**

Angenommen vom Vater
Antisemitismus – der Anteil der Christen
Auf der Suche nach der Wahrheit
Biblische Grundlagen für den Befreiungsdienst
Bis die Zeit vollendet ist
Christus herrscht inmitten Seiner Feinde
Das Tal der Entscheidung
Deine Berufung ist heilig
Der Endzeit entgegen
Der Weg nach oben führt nach unten
Eine verständige Frau ist vom Herrn
Er ist auferstanden
Fest in Seiner Hand
Für Gott gibt es keine Kluft zwischen den Generationen
Gewissheit in der Endzeit
Im Ebenbild Gottes
Kommt der Antichrist aus Europa?
Mein Körper, mein Geist und meine Seele
Pilgerreise durch den Römerbrief
Prophetische Sicht für unsere heutige Zeit
Schwerter des Geistes
Sicher in unsicheren Zeiten
Sie und Ihr Haus
Standfest im geistlichen Kampf
Überwindendes Gebet
Vergebung – Zurück zur Einheit
Wachsen in der Furcht des Herrn!
Wahrheit, Glaube, Liebe – Ziele, die Gott mir gab
Warum Israel?

**Booklets:**

Der Tausch am Kreuz
Die drei mächtigsten Worte
Die Macht des Opfers
Die Verführung des Humanismus
Für die Regierung beten
Fürbitter Gottes
Gott, mein Vater
Gottes Arznei
Gottes Plan für Ihre Finanzen
Philosophie, die Bibel und das Übernatürliche
Was wir Israel schuldig sind
Wer kümmert sich um die Waisen, Witwen, die Armen und Unterdrückten?

**Hunderte von Audio- und Videobotschaften von Derek Prince unter www.ibl-dpm.de**